철든 놈이 성공한다

철든 놈이 성공한다

초판 1쇄 발행일 _ 2009년 2월 22일
초판 2쇄 발행일 _ 2010년 3월 20일

지은이 _ 고환택
펴낸이 _ 최길주

펴낸곳 _ 도서출판 BG북갤러리
등록일자 _ 2003년 11월 5일(제318-2003-00130호)
주소 _ 서울시 영등포구 여의도동 14-5 아크로폴리스 406호
전화 _ 02)761-7005(代) | 팩스 _ 02)761-7995
홈페이지 _ http://www.bookgallery.co.kr
E-mail _ cgjpower@yahoo.co.kr

ⓒ 고환택, 2009

값 11,000원

* 저자와 협의에 의해 인지는 생략합니다.
* 잘못된 책은 바꾸어 드립니다.

ISBN 978-89-91177-70-3 03320

Success Story

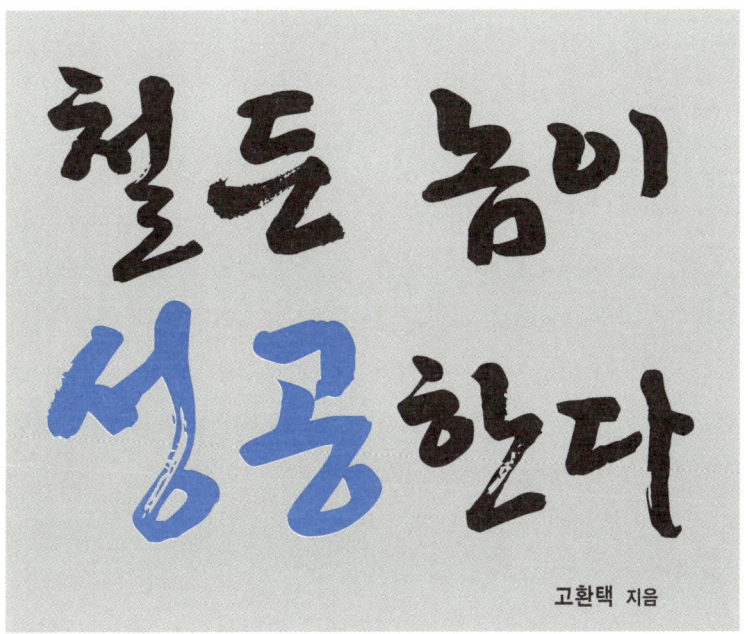

철든 놈이 성공한다

고환택 지음

북갤러리

서문

글로벌 경제 위기로 인하여 많은 사람이 고통을 겪고 있다.

지금은 모두가 불황, 불황이라고 모두들 난리들이다. 하지만 우리는 한 가지 눈여겨볼 사안이 있다. 그것은 '불황'은 혹독한 시련과 함께 그 어느 때보다도 강한 성장의 기회도 함께 준다는 사실이다.

내 나이 마흔아홉. 회사에 가면 중소기업 사장으로, 집에 가면 한 가정의 아버지로, 또한 학교에 가면 늦깎이 대학원생으로서 열심히 살아가는 나의 모습을 통해 이 사회에 작은 희망을 주고 젊은이들에게 꿈과 용기 그리고 성공의 법칙을 알려주고 싶었다.

돌이켜보면 나는 내 인생에 많은 굴곡을 겪었다. IMF로 인한 연쇄부도로 인하여 사업체를 접어야 했던 안타까움도 있었고, 애써 모은 재산도 모두 날려버리는 아픔도 겪었다. 그러나 나는 참을 수 없는 아픔 속에서도 일을 놓지 않았고, 견딜 수 없는 고통 속에서도 희망의 끈을 놓지 않았다. 그 아픔과 고통 속에서 다시 꿈을 가져야 했고, 다시 배워야 했고, 다시 일과 씨름하며 밤을 지새워야 했다.

그렇게 살아 온 지 만 10년(3,650일)의 세월이 지났다. 모든 것이 원하는 대로 이루어졌다. 아픔을 딛고 성공에 이르기까지 철(鐵)든 남자가 걸어온 길을 거울삼아 많은 이들이 불황을 이겨내고 자신이 원하는 '성공의 목표'를 꼭 이루었으면 하는 마음 간절하다.

CEO로서 느껴온 삶의 애환 그리고 성공의 이야기들…. 소중한 성공의 경험담을 한 권의 책으로 만들어 보았다. 이러한 나의 소중한 기억들을

- 희망도 없고 살길이 막막한 이들에게
- 빈손으로 사회에 나가는 신입사원들에게
- 원하는 꿈을 이루기 위해 대학에 입학하는 학생들에게
- 돈 없이 창업하려는 꿈이 있는 젊은이들에게
- 실의에 빠진 우리네 40대, 50대 가장들에게
- 국방의 의무를 다하는 후배 군인들에게
- 불경기와 싸우는 근로자 여러분들께

성공 프로세스 – '성공의 5가지 끈'을 나누어 주고 싶다.

청량산 정상에서
고환택

이 책은…

성공으로 가는 길은 성공의 습관에 따라 결정된다. 사람은 누구나 성공하기를 바란다. 그러나 어떻게 해야 성공하는지 막연한 생각이 들 때가 많다. 성공의 법칙은 따로 존재하지 않는다.

이 책을 읽다보면 성공의 습관이 보일 것이다.

이 책은 성공의 습관인 '5가지 끈'에 대한 노력의 결과물이다.

꿈을 이루는 것은 배움, 일, 행동 그리고 인연(관계)이 서로 조화와 균형을 이룰 때 비로소 개인의 경쟁력으로 나타나게 된다.

개인의 경쟁력은 원하는 꿈을 향해서 열심히 배우고, 부지런히 일하고, 이를 반복적으로 노력하고 행동하는 자에게 찾아온다. 지금부터라도 성공의 습관을 차곡차곡 쌓아가는 훈련을 하자!

성공의 습관은 하루아침에 쌓아지지 않는다.

천천히 그리고 끈기 있게 쌓아가도록 노력하자. 그러면 노력하는 과정에서 변화된 자신을 발견하게 되고, 그 속에 성공도 묻어온다는 사실을 알게 될 것이다.

성공을 준비하는 자만이 성공을 거머쥐게 되어 있다.

성공의 습관 뒤에는 성공의 에너지가 자라게 되어 있다.

성공의 에너지는 배움, 일, 행동을 통하여 몸에 축척되며, 이러한 성공의 에너지는 자신이 추구하는 원대한 꿈을 이루어주는 힘(능력)을 가지고 있다.

성공의 에너지는 불가능을 가능으로, 부정을 긍정으로 바꾸어 준다. 매사의 모든 일을 긍정적으로 생각하게 하고 '나는 할 수 있다'는 자신감을 키워준다. 성공은 늘 자신감이라는 토양위에서 자라왔다.

세상이 힘들수록 자신감 있게 도전하라.
꿈은 반드시 이루어진다.

자!
끈을 당겨라.
꿈이 실현되는 그날까지….

바삐 살아온 세월을 회상하며
저자 씀

Contents
차례

서문 4
이 책은 … 6

제1장 꿈의 끈

'빈손'일 때 행복(幸福)했다 15
꿈을 가져야 한다 19
2009년의 꿈과 소망 20
푸른 하늘에 띄워보는 꿈 22
꿈꾸는 것조차 내겐 사치였다 24
나는 아내 둘 가진 남자 26
내 인생의 3,650일 가꾸기 29
사랑의 프러포즈 32
성공을 연필로 써라 34
언제나 최선을 다한 사람만이… 36
출세하지 마라 38
피터 드러커의《생각의 '끈'》 40
꿈은 이루어진다 43
'DREAM BANK' 행장이 되던 날 44
백만장자를 꿈꾸는 젊은이에게 46

제2장 배움의 끈

"얍!" 30년만에 도장을 다시 찾아 나섰다 51
나의 도전이 젊은이들에게 시금석이 되었으면… 54
내가 지금도 공부하는 이유 56
대학 가고픈 열망 58

또 하나의 기쁨을 떠나는 여행   60
박사학위 논문 프로포잘 하던 날   62
배운다는 것   65

제3장 일의 끈

나는 외롭지 않아, 직원들이 있으니까   71
나는 굴뚝 남자   74
내 성공의 어시스터는 무엇이었을까?   78
내 손안의 신용카드   81
내 인생의 좌회전   87
우체통 보는 것이 두려웠다   90
눈물 흘릴 시간조차 내겐 사치였다   92
성취(成取)하는 사람   96
환경이 열악하다고 슬퍼하지 마라   99
출근카드 찍는 사장   100
폼 나게 즐겨라   102
'No way out!'   104
내 마음은 누구를 닮아가나   107
나는 언제나 '을(乙)'이었다   108
'을(乙)'의 축복   110
대나무의 교훈   113
난 '로또(Lotto)' 맞은 사람   116
"내 앞에 길이 없다. 그래서 가야 한다"   118
'땅을 밟고 하는 사랑은 언제나 흙이 묻었다'   120
밀가루 없이는 빵을 만들 수 없다   122
'빠꾸', 소나기 그리고 풀무   124

Three Go…Up다   127
성공의 계단(Stairway of Success)   130
신(神)은 인간에게 고장 난 나침반을 주지 않았다   132
앞으로 살 날 중에서 지금이 가장 어리다   134
웃자, 짜증나도 웃자   136
인생의 네비게이터 역할을 하는 멘토   138
성공에도 공식(公式)이 있다   140
Fearless, 두려움이 없는 세상   142
'빽' 있는 놈이 성공한다   144

제4장 행동의 끈

내 인생에 불가능(不可能)은 있다   149
거울에 비친 내 모습   152
경험은 돈을 주고도 살 수 없다   154
나의 단점을 매력으로 가꿔라   156
내 손을 잡아요   158
내 인생의 도둑   160
내 일에 정성을 들여라   162
내 인생의 최소 스펙(Spec)   164
눈 뜨면 일터로 나가야 한다   165
리미티드(Limited)   166
리빙 라이센스를 가져라   168
바람피우는 사람이 성공한다   171
무쇠도 벨 수 있는 담대함   174
비아(非我)를 해고하라   176
성공의 3대 TOOL   177
성공철학을 가져라   178

신입직원(후배)들에게 한마디   181
일 열심히 하지 마라   182
자갈은 서로 부딪히면서 강해진다   185
잠자는 나를 깨우는 연습   186
청소는 청소부 아줌마만 해야 한다?   188
Before Service   191
항아리 속의 돈도 '투자'다   192
혹독한 자기 경영   194
기본으로 돌아가라   196

제5장 인연의 끈

미안, 미안… 환(丸)약 줍기   201
사랑이란?   204
병원 그리고 아들 녀석   206
성장이 멈춘다는 것…   208
아내 생각   211
아내의 사랑이야기   214
아내의 하모니카 소리 들으며…   216
자식 몰래…   220
'체리북' 도전을 시작하면서…   222
와이프와 함께하는 행복한 산행   224
후니 졸업식 날   227
고마움의 창고   230
어느 식당의 컵 이야기   232
여기가 '세계 제일'이다   234
구두 수선점 아저씨   236

Success Story

제1장 꿈의 끈

'빈손'일 때 행복(幸福)했다

[내 인생의 300 · 300 · 300]

빈손.

내 생에 어느 때가 가장 행복했을까? 아마도 빈손일 때가 가장 행복했던 것 같다.

사람들은 의아해 할 것이다. '빈손일 때 뭐가 행복하냐고….' 하지만 나는 빈손일 때가 내 생에 가장 아름답고 행복했던 것 같다.

물론 따지고 보면 내 형편이 좋아졌기에 편하게 얘기하는 측면도 있다. 하지만 나는 내가 걸어온 길을 보면 언제나 출발은 빈손이었다.

- 결혼

결혼할 당시에 나는 300만 원을 가지고 장가가겠다고 나섰다. 뻔뻔했지만, 당당하게 그리고 자신 있게 와이프를 맞았다.

　지금 생각하면 월세로 시작한 남산 밑의 쪽방 촌에서의 신혼생활이 내 생에 그 어느 때보다 행복했고, 그때 고생한 지금의 아내가 더 없이 사랑스럽게 느껴진다.

- **사업**

　내 나이 34살에 과감히 사표를 던졌다. 알바할 때부터 10년만 직장생활 열심히 하고, 그 후에는 사업하겠노라고 나 자신과 약속했던 터라 두려움 없이 사업에 뛰어 들 수 있었다.

　막상 사업을 시작하려니 내 손에는 단돈 300만 원이 있을 뿐이었다. 사업 준비자금 치고는 빈손이나 다름없었다. 지금 생각하면 그때는 겁도 없었던 모양이다.

　준비한 사업계획을 추진하기 시작했다. 필요한 것은 돈이었다. 우선 급한 대로 평소 알고 지내던 지인과 맞보증을 서서 다행히 2,000만 원을 대출받았다. 대출금을 손에 쥐면서 내 재산은 오히려 마이너스가 되어버렸다.

또 다시 빈손이다. 그러나 자신 있었다. 밤새 일에 매달리고 또 매달렸다. 내가 하고 싶었던 일이기에 날마다 신바람이 났다.

* * *

승승장구하던 나에게 'IMF'라는 태풍이 몰아쳤다. 할 말이 없었다. 연쇄부도의 힘든 역경에서도 슬퍼하거나 원망하지 않았다. 나를 위해, 가족을 위해 그리고 나와 함께 일하던 직원들을 위해 다시 시작하자고 수없이 나를 달랬다.

- 재기

다시 시작하려고 있는 돈을 긁어모으니 공교롭게도 300만 원이 전부였다.

이제는 신용불량자가 되어버린 터라 대출도 받지 못한다. 거래처를 찾아다니며 선수금을 먼저 받아 하나둘 풀어가기 시작했다.

처음 사업을 시작할 때 초심으로 돌아가 밤새우고 또 밤을 새웠다. 하나둘 일이 순조롭게 풀리기 시작했다. 오히려 빈손이 되고 보니 일에 더 집중할 수 있었던 것 같다.

그로부터 만 10년이 흘렀다. 이젠 새로운 도전을 시작할 시점이다.

그러나 이제는 겁이 난다. 빈손일 때는 겁이 없었는데, 이제는 어느 정도 기반을 잡고 보니 겁이 난다. 그렇다고 다시 빈손으로 돌아갈 수는 없는 법 아닌가!

빈손이라고 부모를 탓하고, 세상을 탓하는 사람이 없었으면 좋겠다.

빈손일 때가 오히려 '행복한 도전'을 시작하기에 너무 좋은 찬스라는 생각이 든다. 어차피 질 거라면 골키퍼까지 나와서 공격하듯, 미련 없이 도전해볼 찬스가 바로 지금이요, 도전에 성공할 수 있는 무기가 바로 빈손이라는 사실을 알았으면 좋겠다.

빈손, 언제나 나의 시작은 빈손이었듯이….

꿈을 가져야 한다

세상엔 못 이룬다고 생각하면 이룰 게 하나도 없고,
이룬다고 생각하면 못 이룰 게 하나가 없다.
이룬다 하면 반드시 이루어진다.
꿈을 꾸어라.
꿈을 가져라.
생명이 있는 한 꿈을 가져야 한다.
너의 생명이 있는 한 말이다.

2009년의 꿈과 소망

　내가 살아가는 이유도, 내가 소망하는 그것도, 험한 세상 나를 지켜주는 에너지도 모두 꿈이거늘, 그 꿈을 어찌 소홀히 하겠는가!
　소중한 나의 꿈을 한날한시도 잊을 수 없음은, 꿈은 나의 존재이자 희망이기 때문이다.
　내 생의 마지막은 순간, 내가 할 일이 있다면 그것은 꿈과의 이별이다.
　먼 훗날 내 사명을 다하고 떠날 때 미련도 후회도 없어야 한다.
　한 점 부끄러움이 없어야 한다.
　꿈을 안고 살아온 나. 내 비록 떠날지라도 꿈을 먼저 보내고 홀연히 떠날 것이니 내 생에 꿈이 없다 함은 이 세상과의 이별을 말하는 것. 그러니 그 어찌 꿈(Dream)이 소중하지 않으리….
　오늘도 꿈을 메고 살아가는 내 인생. 내 인생 소중하고 사랑스러운 건 다 꿈 때문이다. 다 꿈 때문이다.

그래서 '꿈쟁이' 태기는 말한다.
'세상 모든 것을 다 버려도, 버릴 수 없는 게 꿈이라고….'
'매일 아침, 아침밥은 굶어도 꿈은 굶지 말라고….'

2009년 한해 좋은 꿈 이루어지기를 소망합니다.

성·공·의·끈

꿈을 쏘아 올려라.
꿈을 가져라. 꿈을 가져라. 꿈을 쏘아 올려라.

푸른 하늘에 띄워보는 꿈

나는 이제 조용히 그이 숲에서 나와야 한다.
기념으로 그이 숲에서 나는 돌 하나를 취한다.
그것은 보이지 않은 돌로서 언제나 내 마음 한 쪽에 놓아둘 것이다.
돌은 이름하여 지속적인 '자기 개혁'이란 것이다?

나는 항상 서두르고 있지만, 결코 조급해 하지 않는다. - 존 웨슬리 -

＊　＊　＊

존 웨슬리의 책을 보고 문득 이런 생각을 하였다.
나는 이제 조용히 부모 곁에서 나와야 한다.
기념으로 부모 곁에서 나는 돌 하나를 취한다.

그것은 보이지 않은 돌로서 언제나 내 마음 한 쪽에 놓아둘 것이다.

돌은 이름하여 지속적인 '나의 꿈'이란 것이다.

나는 오늘도 부모 곁을 떠나 머나 먼 여행을 하고 있다.

네게 고통과 시련은 있지만, 그래도 외롭지 않음은 부모로부터 물려받은 건강한 육체와 내가 가진 돌(나의 꿈)이 있기 때문이다.

내 안에 꿈이 있는 한, 나는 즐겁다.

그 꿈을 향해 나는 항상 서둘러 그 길을 가고 있다. 하지만 결코 초조해 하거나 조급해 하지 않는다. '걷는 자(者)만이 앞으로 나갈 수 있다'는 평범한 진리를 알기에….

불경기 속에서도 주눅 들지 않는 자신감, 그 자신감을 푸른 하늘에 살며시 띄워 본다.

꿈꾸는 것조차 내겐 사치였다

지난 시절 가장 후회스런 게 있다면 내겐 꿈이 없었다는 것이다.
시간 들어가는 것도 아닌데….
돈 들어가는 것도 아닌데….
꿈을 갖지 못했다.

가난도 용서된다.
신체적 장애도 좋다.
다만 꿈이 없는 사람과는 친하기가 싫다.

나는 왜? 왜 꿈을 갖지 못했을까?
꿈꾸는 것조차 내겐 사치였을까?
아니다.

내겐 꿈꿀 용기가 없었기 때문이다.
그 용기 없는 사람이 바로 나다.
그때를 후회하는 사람이 바로 나다.
나를 닮는 것은 자유지만, 꿈이 없는 나는 절대 닮지 마라.

꿈 없이 '꿈 장애아'로 살아온 나.
그래서 나는 그때를 후회하며 지금 꿈꾸나 봅니다.
다행인 것은 아직도 꿈꿀 유효기간(?)이 살아있음이 행복합니다.
그 행복, 이제부터라도
예전에 내가 갖지 못한 꿈까지 몽땅 가져 보렵니다.
먼 훗날 후회 않기 위해서 말입니다.

나는 아내 둘 가진 남자

세월이 많이 흘렀다. 언제보아도 예쁘고 사랑스런 내 아내.
오늘도 그 아내의 배웅 속에 출근을 한다.

사실 나는 아내가 둘 있다.
아내를 둘 가진 남자로서 세상을 살고 있다. 남들은 도둑놈이라 욕할지 모르지만 나는 하나가 아닌 둘을 가졌기에 더 열심히 살아왔고, 그 덕분에 오늘의 행복을 누리는 것 같다.
아내 둘을 부양하는 책임은 무거웠지만 지나온 세월이 자랑스럽다.
지금도 그 사랑스런 두 아내와 함께하는 시간이 있어 하루하루가 너무나 감사하고 그저 행복할 뿐이다.

아내 둘과 함께 살아온 결코 짧지 않은 나의 20년….

세월은 변했어도, 잔주름은 늘었어도 지금의 아내 중 그 어느 누구도 버릴 수가 없다.

평생 아내 둘을 데리고 서로 부둥켜안고 열정으로 사랑하며 살고자 한다.

나의 첫 번째 아내는 '김창현'이다.

이름이 남자 이름인지라 드러내놓기를 싫어하지만, 오늘은 그 이름을 불러보고 싶다. 오직 나만을 위해, 두 아들 녀석을 위해 헌신해 온 당신이기에 그 이름이 너무나 자랑스럽고 감사한 생각뿐이다.

미안하지만 나의 두 번째 아내는 '나의 꿈'이다.

젊은 시절 갖지 못한 꿈이란 놈을 아내를 통해서 소개를 받았다.

결혼생활 시작할 때 혼수로 가져왔는지? 옵션으로 가져왔는지?

알 수 없지만….

그러나 알 수 없는 그 꿈이란 녀석은 지금까지 내 안(가슴)에서 나와 함께 살고 있다. 내 안(가슴)에 착 붙어서 떨어지지 않는다.

늘 나와 함께 숨을 쉬며 자라고 있다.

두 아내(?)가 있는 나는 늘 행복에 겨워있다.

집에 가면 언제나 방긋 웃는 아내가 있고, 밖에서 늘 나와 함께하는 '꿈'이 내 안에 있다.

안팎으로 즐길 수 있으니 얼마나 행복하고 복 받은 사람인가!

언제나 내 곁에서 나를 바라봐줄 두 아내(Wife, Dream)가 있다는 행복 그리고 두 아내를 평생 사랑해 주어야겠다는 일념이 나를 부지런하게 만든다.

나와 결혼해 지금까지 불평 한마디 없이 자기 자리를 묵묵히 지켜준 아내. 나를 오직 한길로 정진하게끔 이끌어준 소중한 내 안에 꿈.

그 두 아내가 있는 한 나는 오늘도 살며, 사랑하며, 배우는 그 길을 즐기듯 살아갈 것이다.

다시 한번 두 아내에게 '고맙다'는, '사랑한다'는 말을 전하고 싶다.

내 인생의 3,650일 가꾸기

'10년이면 강산이 변한다'는 옛말이 있듯 나는 10년, 즉 3,650일이 주는 '의미'를 알고 있다. 그것은 내가 원하는 그 무엇을 얻으려면 10년을 투자해야 한다는 것이다. 10년 동안 많은 정성과 노력을 적립해야 원하는 것을 이룰 수 있다는 말이다.

10년의 각고(刻苦)의 노력 끝에 성과가 주어진다는 법이다.

어느 분야의 전문지식에 정통하려면 최소한 10년 정도는 꾸준히 노력해야 한다.

1년만에 아니 3년, 5년만에 노력의 결과물이 주어진다는 건 행운이다.

요행을 바라다보면 실패가 보이는 법이다. 자고로 인생은 멀리 보고 꾸준히 노력을 하다보면 꿈을 이루지만, 일순간의 행운만을 쫓다보면 낭패를 보기 쉽다.

성공이란? 낙숫물이 바위를 뚫듯 보이지 않는 오랜 세월동안 열심히 꿈을 향해 묵묵히 정진한 자의 몫이다.

10년이면 강산이 변하듯 10년의 세월동안 내가 하루하루 새롭게 변해야 내가 원하는 그 꿈을 이룰 수 있고, 내가 변해야 이른바 원하는 꿈을 이룰 수 있다는 것은 상식이다.

어느 분야에서 일인자나 전문가가 되기 위해서 10년을 과감히 투자하는 정신, 그것이 내가 해야 할, 나아가 우리가 해야 할 최소 스펙인 듯싶다.

서둘지 마라. 중단하지 마라.

무언가 이루기 위해서는 그때그때 집중력과 함께 세월의 무게도 실어야 얻을 수 있다.

80 평생, 내 인생 20살부터 내가 원하는 꿈에 도전을 시작한다고 가정해보자. 10년에 한 가지씩 내 꿈을 위한 노력을 쏟아 붓는다면 여섯 번의 꿈에 도전할 시간이 있는 법이다.

내가 이룰 꿈 6개, 6번의 기회를 부여받은 행운이 나에게 있다는 사실이다. 10년의 세월이 길다고 투정부릴 게 아니라 6번 중에 하나만을 성공해도 훌륭하다.

그 한 번의 성공만 있어도 멋있는 인생이 될 듯싶다.

한평생 아무것도 이루지 못하고 가는 사람이 있고, 한평생 한 가지 일에 미쳐서 이룬 장인(匠人)들을 볼 수가 있다.

전자는 꿈이 없는 사람이거나 노력이 부족한 사람이요, 후자는 꿈을 가지고 끊임없이 '절차탁마' 하는 매사에 '정성과 열정'이 있는 사람이다.

　꿈은 가지지 않는 자는 미워하고 원망하지만, 꿈을 갖고자 하는 이에겐 다정한 친구로 다가간다. 꿈은 나태와 게으름은 탓할지언정, 나이를 탓하지는 않는다.

　우리 모두 소중한 꿈을 갖자. 그리고 그 꿈이 반드시 이루어지기를 희망해보자. 나를 위해, 소중한 나의 가정을 위해 투정부리지 않고 애써 3,650일 원하는 꿈을 위해 부단히 노력하는 멋쟁이가 되었으면 싶다.

성·공·의·끈

생각대로 된다.
내가 생각하는 그 생각, 그 생각의 크기가 성공의 크기다.

사랑의 프러포즈

PROPOSE 하듯….
가장 위대한 업적도 한때는 꿈이었다.

'가장 위대한 업적도 처음 한동안은 꿈이었다. 참나무는 도토리 속에서 잠자고, 새는 알 속에서 잠자며, 영혼의 가장 원대한 꿈속에서 깨어있는 천사가 돌아다닌다. 꿈은 현실의 씨앗이다.'
제임스 앨런의 글이다.

누구나 아름다운 사랑을 하고 행복한 가정을 이루는 것을 꿈으로 여긴다.
멋진 사랑을 하기 위해서는 사랑의 프러포즈가 우선시 되어야 한다. 목표한 꿈을 이루기 위해서도 마찬가지로 프러포즈가 중요하다.

연애편지를 쓰듯 꿈을 써 나아가고, 사랑이 담긴 선물 건네듯 열정으로 프러포즈해야 한다. 프러포즈가 통하면 원하는 사랑도 내 것이 되는 것이다.

꿈의 성장 속도는 생각의 속도에 열정의 속도를 더한 것이다.

봄에 씨앗을 뿌려 가을에 수확한 농부처럼 땀방울의 결과가 수확의 결과물이 되는 법이다. 이처럼 열정의 프러포즈는 꿈을 창조하는 힘을 가졌다. 이루지 못한 것들은 열정적으로 소망하지 않은 것이라는 사실이다.

프러포즈할 자격이 있는가?

없다면 자격을 갖추도록 애쓰고, 있다면 열정으로 다가가라.

네가 원하는 사랑도, 꿈도 모두다 현실이 될 거니까….

성공을 연필로 써라

"**꿈으로 가득 찬** 설레이는 이 마음을 사랑을 쓰려거든 연필로 쓰세요."

전영록의 '사랑은 연필로 쓰세요'가 생각난다.

누구든 사랑하고 싶거든 연필로 써라.
누구든 성공하고 싶거든 연필로 써라.
막연한 생각만으론 되지 않는다. 추상적으로 세상에 이룰 것이라고는 아무것도 없다. 하얀 백지에 마음을 물들이는 연습을 많이 한 사람이 성공하는 세상이다.
야구, 골프에서도 이미지 스윙이 중요하다.
그려 넣는다는 것, 마음을 담는 것이다. 마음을 단련하는 것이다.
수없이 많은 성공의 그림을 글로 써내려가는 사람만이 성공한다는 사실이다.

　자기 목표를 글로 기록한 5%의 사람들 중 95%가 목표를 성취했다고 한다. 자기 목표를, 자기 비전(Vision)을 글로 쓰는 사람은 이미 성공확률 95%라 해도 과언은 아닐 듯싶다.

언제나 최선을 다한 사람만이…

문득 생각납니다.

언제나 최선을 다한 사람만이 아쉬움을 느낄 수 있다고….
언제나 최선을 다한 사람만이 새로운 것에 도전할 자격이 있다고….
언제나 최선을 다하는 사람만이 원하는 그 길을 갈 수 있습니다.

아쉬움 속에서도 최선을 다하고 새로움에 도전하는 것을 즐기며, 원하는 그 길을 후회 없는 발걸음으로 내딛는 멋진 젊은이가 되시길 바랍니다.

밖엔 비가 옵니다.

내가 살아 있기에 비를 맞듯, 꿈이 살아있는 자는 늘 시련이 있게 되어 있습니다. 비에 젖듯, 시련 속에서도 웃음이 사라지지 않음은 내 안에 꿈이 살아있기 때문입니다.

오늘도 그 꿈을 찾아서 최선의 발걸음을 내딛는 멋진 젊은이가 되었으면 합니다.

성·공·의·끈

나를 키우려면 꿈을 키워야 한다.
꿈은 생각대로 이루어지기 때문이다.

출세하지 마라

"출세하지 마라. 할 일이 많고 피곤한 법이다."

누구든 성공하려 한다.
출세하려 한다.
하지만 출세의 이면엔 할 일이 많고 피곤함이 많은 법이다.

게으르고 나약한 놈은 출세하려 하지 마라.
너의 게으름이 빛이 나지 않을 것이기 때문이다.
너의 나약함이 땅에 묻힐 위험이 있기 때문이다.

그렇지 않다면 과감히 '출세의 액셀러레이터'를 힘차게 밟아라.
출세는 간혹 너의 자유와 즐거움, 나아가 건강도 빼앗아갈 수 있다.

출세는 너의 자유를 구속하며 즐거움을 빼앗아 가고, 너의 건강을 도둑질해 갈 수 있다는 착각을 하게 할 때가 있다. 하지만 이것은 기우일 뿐, 출세는 네가 우려하는 자유, 즐거움에 성취감, 자신감을 보너스로 얹혀서 너에게 되돌려 주는 법이다.

자신감 있는 놈은 언제 보아도 멋있다. 언제보아도 폼 난다.

언뜻 보면 출세란 놈은, 출세의 길은 멀고도 험한 것 같으나, 분명 너의 곁에 있다는 사실이다. 또한 출세는 네가 우려하는 자유, 즐거움에 가속을 붙여주는 액셀러레이터 역할을 한다.

신나게 도전하라.
그 도전 속에 네 인생이 빛나고 주변도 너로 인하여 밝아질 것이다.

피터 드러커의 《생각의 '끈'》

사람은 생각한대로 이루게 되어 있다.

단지 그 시기가 좀 더 빠르고, 늦고 할 뿐 반드시 생각한대로 이루어진다.

아니 어쩌면 생각하지 않은 것까지도 얻을 수 있는 게 인생이다.

누가 나에게 따질지 모르겠다. 자기는 죽어라 해도 안 되던데, 성공을 뭘 그리 쉽게 말하느냐고 할지 모르겠다. 따져도 좋다. 돌을 던져도 좋다. 적어도 나에겐 그랬으니까. 생각의 '끈'을 놓지 않은 사실들에 대해서 외려 그 이상으로 나를 환하게 웃게 해 주었으니 말이다.

학교 얘기만 해도 그렇다. 중학교를 우등생으로 졸업하고, 공부 잘했다고 나에게 돌아오는 선물은 공고(공업고등학교) 입학하는 것이었다.

그때만 해도 박정희 대통령이 나서서 공고생들을 '조국 근대화의 기수'라 칭하며 공고생들을 대우(?)해 줄 때였기 때문이다.

그렇게 고등학교를 다니면서 내 의지는 산업현장이 아닌 배움이었다. 뒤늦게 깨닫고 난 다음에 오는 것은 후회뿐…. 그러나 그때 대학에 대한 생각의 '끈'을 놓지 않은 결과가 있었기에 오늘의 박사학위를 취득하게 된 밑거름이 된 듯싶다. 그때 배움에 대한 '생각의 끈'을 놓았더라면 오늘의 경영학 박사는 없었을 것이다. 박사학위 그 단초가 바로 생각의 '끈'이었다. 어디 그뿐이겠는가!

내가 지금 배우는 태권도도 그렇거니와 가정도, 사업 시작도, 멋진 재기(再起)도 모두 생각의 '끈'에서 나온 결과물이기에 이 대목은 백 번을, 천 번을 강조해도 무리는 아닐 듯싶다. 지금 내 인생에 대해서 나 스스로 만족하며 자랑스러워하는 것도 모두 생각의 '끈' 때문

이다.

　그 모든 것이 생각의 '끈'에서 아름다운 열매를 맺었다는 것을 부인할 수가 없다.

　피터 드러커를 만나기 전, 이미 나는 생각의 '끈'이 무엇인지도 모르고 그 말을 신봉했었던 것 같다.
　뒤늦은 2001년에 경영학 공부를 시작하면서 그의 책을 처음 접했다.
　2007년에는 신간 피터 드러커의 《마지막 통찰》이라는 책을 읽고 또 읽었다.
　"그는 왜 죽음의 순간까지 생각의 '끈'을 놓지 못했을까?" 몇 번이고 되뇌면서 한 줄, 한 줄 읽어 내려갔다.
　49세, 내 나이 많은 것 같지만, 2005년 96세의 나이로 타계한 '경영학의 아버지' 피터 드러커에 비하면 지금은 청춘이다. 아직 내 인생은 그의 반밖에 살지 못했다.
　나는 지금 또 행복한 노후를 위한 생각의 '끈'을 동여맬 시간인가 보다.

꿈은 이루어진다

마음에 새긴 인생의 꿈은 반드시 이루어진다.
연필로 써내려간 인생의 꿈은 반드시 이루어진다.
가슴으로 노래하는 인생의 꿈은 반드시 이루어진다.
가능한 한 많은 것을 꿈꿔라.
그리고 푸른 하늘에 꿈을 그려라, 아름답게 채색하라, 많은 것을 글로 써라, 과감하게 큰 꿈을 지워지지 않게 써라, 언제나 흥얼대라, 시도때도 없이 콧노래를 불러라.
꿈은 가능한 한 많이 갈망하고, 그리고 많이 쓰고, 많이 부르짖은 자의 것이다.
꿈에 있어서 중요한 사실 하나는 '인생의 꿈은 반드시 이루어진다'는 사실이다.

'DREAM BANK' 행장이 되던 날

'DREAM BANK'

어제는 은행 하나 설립했습니다.

인간적인 고뇌로 많이 힘들었던 날 아픔을 새기면서 5천 만이 발기인으로 참여한 은행을 설립하였습니다.

앞으로 5천 만 고객의 가슴을 파고 드는 영업을 통하여 고객의 자산(무형)을 늘려주고, 고객의 꿈을 이룰 수 있는 그날까지 최선을 다하겠습니다.

아울러 행복이라는 이자도 드리겠습니다. 님의 소중한 꿈도 맡겨 주십시오. 맡겨주신 꿈에 FUN 배당금도 두둑하게 드리겠습니다.

5천 만의 꿈이 소중하게 영글어 가는 그날까지 'FUN돌이' 태기는 오늘도 총재로서의 사명을 다하겠습니다.

― 나 홀로 '꿈' 은행을 설립하고 나 홀로 행장에 취임한 날

성·공·의·끈

펀드에 투자하고 은행에 예금 적립하듯…
내 인생 무엇을 투자하고 적립할까를 고민하라.
좋은 상품 포트폴리오 투자로 미래를 설계하듯 내 인생, 내 가치, 무엇에 투자할까를 고민해 보자.

'당신의 성공 투자', 당신의 꿈을 이루어 줍니다.

백만장자를 꿈꾸는 젊은이에게

 빈손으로 백만장자가 되는 꿈은 모든 샐러리맨의 꿈일 게다.
 그러나 백만장자가 되는 것은 꿈이 아니라 현실이다.
 나 역시 그랬거니와 그 꿈을 이룬 많은 사람들은 한결같이 말한다.
'일에 미쳐 열심히 하다 보니 나도 모르는 사이 꿈이 이루어 졌다'라고….
 백만장자, 아니 천만장자의 꿈을 이룬 사람들의 공통점은 한결같이 오랜 세월동안 묵묵히 한길을 달려온 사람들이다.
 그들은 일을 사랑하고, 일에 미치며, 일에 재미를 느끼며 살아온 사람들이다.
 이런 사실은 오늘을 살아가는 젊은 사람들에게 무릇 시사하는 바가 크다고 볼 수 있다.
 꿈꾸라. 큰 꿈을 꾸라. 그리고 그 꿈을 향해 묵묵히 일하라.

이룸의 현실은 세상 떠들썩하게 오는 게 아니라 이마에 흐르는 땀방울을 통해 소리 없이 다가오게 되어 있다.

1년, 아니 10년을 소리 없이 묵묵히 땀을 흘린 자만이 백만장자가 될 수 있는 자격이 있는 사람들이다.

눈뜨면 밥을 먹듯 '꿈은 반드시 이루어진다'는 희망을 가져야 한다.

나에게는 꿈이 있습니다. 아직도 남아있는 나의 꿈. 오늘도 그 꿈을 향해 묵묵히 땀 흘리는 이유는 백만장자의 꿈을 이루면서 느끼던 그 때 그 시절이 저에겐 너무 아름다웠고, 지금도 그때의 행복감을 잊을 수 없기에 일을 놓고 싶지 않습니다.

지금도 그때의 성취감에 꿈을 놓고 싶지 않습니다.

Success Story

제2장 배움의 끈

"얍!" 30년만에 도장을 다시 찾아 나섰다

문득 어언 30년 전의 대학시절이 생각난다.

젊은 날의 유혹도 많았고, 꿈도 많았던 젊은이 대학시절에 그 흔한 미팅 한 번 못해보고 학교 수업이 끝나면 아르바이트를 위해 내 발길은 묵묵히 태권도장으로 향했던 기억이 새롭기만 하다.

어느 날 나잇살로 굵어진 허리를 보며 문뜩 틈만 나면 운동하던 대학시절이 생각났다. 아무리 나이를 먹어도 전혀 흐트러지지 않을 것 같은 단단한 내 몸매(?). 그러나 이미 흐트러진 뒤 오래다. 그놈의 술살, 나잇살에 나날이 불어나는 뱃살. 다른 사람들은 날보고 '아직도 좋은데 뭘' 하지만, 나는 거울 앞에 설 때마다 불만이다. 누구나 흐르는 세월 앞에 장사(將士)는 없을 듯하다.

아득한 옛날이 되어 버렸지만 틈만 나면 운동하던 그 시절이 생각이 났다. 태권도로 다져진 육체적, 정신적 건강은 내가 직장생활을 할 때나 사업을 하는 지금이나 내가 새로운 일에 도전할 수 있는 용기와 자신감을 주었을 뿐만 아니라, 역경에 부딪칠 때마다 좌절하지 않는 정신적 지주 역할을 해준 것 같아 늘 뿌듯하곤 했기에…. 그래서 지금도 그 시절만 생각하면 자신감과 용기가 되살아나는 것도 그 때문인 듯싶다.

언젠가 한 번 그 시절로 돌아가 보고 싶었다. 흐트러진 나를 리모델링하는데 태권도…. '태권도'가 생각났다. 나이 들어 뱃살과 겨루기 한 판하고 흐트러진 정신(精神)을 재무장하는 데는 최고란 생각이 들었다.

한 번 호기심이 들면 일을 벌이는 성격, 뭘 하겠다고 마음먹으면 꼭 해내야 직성이 풀리는 성격에 무작정 집근처의 태권도장을 찾았다.

내가 도장에 들어서자 딱히 반기지는 않은 관장님의 표정에 쑥스러움이 더했다. 이내 호칭부터 달랐다. 말끝마다 '아버지'란다. 하기야 관장님과도 띠동갑 정도 되어보이니 그럴 수밖에….

아버진들 어떻고 할아버진들 어떠랴. '당장 접수하고 배우겠다'고 했다. 그러자 관장님의 태도도 바뀌었다. '태권도복 맞추고 내일부터 운동 시작하자'고 한다.

기쁜 마음으로 접수하고 하루 이틀 새롭게 배워가는 저녁 운동시간은 새 활력 그 자체다. 무언가 또 새로운 하나를 시작한다는 뿌듯함으로 우일신(又日新)하는 하루하루. 운동하면서 몸을 만들고 흐르는 땀을 닦아낼 때의 만족감, 날마다 무언가 배운다는 생각, 내 자신이 새로워지고 있다는 생각, 가만히 있어도 나의 선택에 대한 만족감이 날마다 나를 설레게 한다. 도복 입고 운동하는 그 시간만큼은 일상을 잊고 새로워지는 나를 보는 재미에 푹 빠져 있다.

오늘도 어김없이 저녁 시간은 태권도장이다. 태권도에 대한 설레임으로 하루를 시작하는 요즘의 일상…. 일도 즐겁다. 말 그대로 신바람이 난다. 얍! 얍! 기합소리와 함께 커가는 자신감. 그 기합소리에 몇 년은 더 젊어진 느낌이 든다.

사업도, 배움도, 행복도 힘찬 기합 소리처럼 쭉쭉 뻗어 나갔으면 싶다. 이 좋은 기분, 자신감, 성취감…. 올 한 해 그저 쭈~욱 유지했으면 싶다.

− 49살에 태권도 공인 2단을 취득하고….

나의 도전이 젊은이들에게 시금석이 되었으면…

포털 사이트 네이버 검색창에 나오는 '시금석'이란 단어의 원래 개념은 '귀금속을 판정하는 데 쓰이는 검은 돌'이라는 뜻이라 하며, 비유적으로는 '어떤 상황을 판단하고 평가하는데 기준이 되는 것'이라는 뜻으로 쓰인다 한다.

바쁘게 살다보니 어언 내 나이 50이 가까이 다가왔다.

갑자기 그 단어가 문뜩 떠오르는 것은 왜일까?

50이 가까이 되었지만 아직도 학업에 대한 도전을 멈추지 않는 자신이기에 무언가 더 노력해서 나의 도전이 아름다웠노라고 말할 수 있게 하기 위함일 것이요, 나아가 나의 작은 도전이 젊은이들에게 꿈과 용기를 주는 시금석이 되었으면 하는 바람이 강하기 때문이다.

해마다 나는 내가 하는 사업 외에 새로운 그 무언가를 위해서 도전하는 습관이 있다. 그 습관대로 올해는 태권도를 배우고자 도장(道

場)을 찾았다. 대학시절에 태권도장에 가보고 실로 삼십 년만에 태권도장을 다시 찾았다. 적지 않은 나이였지만 1년을 고생하여 태권 2단을 취득하였다.

　태권도의 정신은 모름지기 인간의 호연지기(浩然之氣)를 키워주는 역할을 하는 것 같다.

　3단, 4단 거슬러 올라가 육체적 건강함을 추구하면서 도덕적인 용기와 유쾌한 마음을 얻는다면 그 이상 무엇이 더 좋겠는가?

　한 해, 한 해 나이는 먹어도 정신에서 우러나오는 도전만큼은 언제나 크고 왕성한 젊은이가 되고 싶다.

　도전에서 성취하는 일은 내가 살아가는데 용기와 웃음을 주는 단초(端初)가 되곤 한다. 얽히고설킨 인생사 기쁜 마음으로 풀어가는 실마리가 곧 단초 아니겠는가?

　내가 기쁜 마음으로 목표한 그것을 향해 한 발, 한 발 다가섬이 젊은이에겐 시금석이 되고 그들이 용기를 낼 수 있는 단초가 될 수 있다는 사실에 오늘도 즐겁기만 하다.

내가 지금도 공부하는 이유

인생이란? 초이스(Choice)다.
내가 공부하는 이유도 초이스(Choice)를 잘하기 위함이다.
인생은 초이스(Choice)로 시작되어 초이스(Choice)로 끝난다.
아침에 눈을 뜨면서도 좀 더 잘까 일어날까. 저녁에 잠들 때도 좀 더 있다 잘까 말까. TV 좀 더 볼까 말까. 순간순간 선택의 연속이다.
이처럼 살다보면 무수히 많이 부딪히게 될 선택, 눈뜨고 잠자는 시간 속의 선택이란 끊임없이 발생되는 법. 그 선택의 결과가 인생의 결과이기에 난 오늘도 늘 배움의 끈을 놓지 않고 배우고 또 배운다.

올바른 선택, 가치 있는 선택을 하라.
이왕 하는 것 성공하기 좋은 방향으로 선택을 하라.
성공 확률이 높은 쪽으로 선택을 하라.

가능하다면 찬스를 선점할 수 있도록 스피디하게 움직여라.

살다보면 늘 결정적으로 어떤 상황을 판단하고 결정할 때가 있다. 그 결정의 순간에 올바른 상황판단을 해야 하는 것이 중요하다.

내가 공부하는 것은 내 결정에 대한 보다 많은 책임을 강요하기 위함이다. 또한 배운다는 것은 후회 없는 선택을 하고, 가치 있는 결정을 할 수 있는 안목을 갖게 해준다. 안목은 나의 선택을 올바른 방향으로 빠르게 위치 이동시켜주는 능력을 가지고 있다.

성공의 위치 이동, 승리하는 위치 이동을 최단거리로 스피디하게 움직이는 사람이 성공하는 법이다. 이를 성공으로 가는 포지셔닝(positioning)이라 말하고 싶다.

좋은 위치에 발 빠르게 선점하기 위한 싸움이 인생이기에, 어찌 배우지 아니하고 그 뜻을 이루려 한단 말인가.

오늘도 배움의 끈을 놓지 않고 애써 공부하는 이유가 다 그 때문이다.

대학 가고픈 열망

고등학교 시절이 생각난다.

박정희 전 대통령의 기능인 양성정책으로 공업계 고등학교가 잘나가던 시절 '조국 근대화의 기수'란 캐치프레이즈에 공고(공업고등학교)가면 최고였던 터라 주저 없이 공고를 선택하여 입학하였다. 당시만 해도 대학 들어갈 꿈도 없었고 그저 기술을 배워먹고 살 준비하기 바쁜 시절이었다.

기능경진대회 후보생으로서 아침부터 저녁까지 기능올림픽 대회 준비에 여념이 없었다. 그때만 해도 큼지막한 T자 옆에 차고 길을 나서면 부러울 게 없이 폼 났던 것 같다.

예전의 운동선수 마냥 수업도 받지 않았다. 등교하면 책가방 던지고 실습장에 가서 실습(실기) 연마에 여념이 없었다.

1학년, 2학년 올라가면서 기능만을 연마하는 일에 회의를 느끼기 시작하였다. 꿈도 많았던 소중한 고교시절은 그렇게 흘러갔다.

고등학교 2학년이 거의 흘러갈 즈음 대학을 가고 싶은 나의 갈망이 그동안 '범생'으로만 지내던 나를 깨우기 시작했다. 진로를 바꾸고 싶었다. 기능경진대회에 나가서 금메달 따는 것도 좋지만, 인문계 고교에 진학하여 공부하는 친구들이 너무나 부러웠다. 애써 공부하려 해도 공부할 시간조차 갖지 못하는 현실이 나를 괴롭혔다. 모든 것을 접기로 했다. 단호한 결정이었다.

그 당시만 해도 기능경진대회 중도 포기란 개인의 문제가 아닌 학교 그리고 선생님의 입장도 고려해야 하기 때문에 쉽지 않은 결정일 뿐만 아니라, 포기하도록 내버려두지도 않는 현실이었다. 아마 그때부터 한 고집 했던 모양이다. 확실한 것은 그만두고 내가 하고픈 공부를 다시하게 되었다는 사실이다. 2년의 수업 공백은 생각보다 적응이 쉽지 않았다. 울면서 따라잡으려 애를 썼다. 하지만 당시만 해도 공업계 고등학교에서 대학에 진학하는 것은 쉽지 않은 현실. 어찌 보면 그 현실을 즐겼는지 모르겠다. 내가 스스로 선택한 길 후회하고 싶지 않았다.

오직 대학을 위해서 최선을 다하겠다는 일념 하나로 공부하고 또 공부를 거듭한 끝에 박사학위를 받게 되었다.

돌이켜보면 30여 년 전 '대학 가고 싶은 열망', 그 열망을 가슴에 품지 않았다면 또 실행해 옮기지 않았다면 어찌되었을까? '오늘과 같은 영광이 있었겠느냐?' 하며 그 시절을 회상하곤 한다.

그때 그 열망을 부채질한 자신에게 다시 한번 고마움을 느껴본다.

또 하나의 기쁨을 떠나는 여행

회사 일로 머릿속은 복잡하다.
평소 잘 돌아가던 CNC 기계가 어제부터 말썽이다. A/S를 불렀다.

기계를 청소 안하고, 노후하고, 업그레이드 안하면 고장이 나듯, '내 인생도 고장 나기 전 A/S해야 하는 게 좋을 듯싶다'는 생각이 스쳐 지나간다.

아침부터 논문 지도 때문에 교수님의 호출이 있었다. 제자 사랑에 토요일도 반납하신 채 논문 지도를 해 주시려 하신다. 교수님에 대한 감사함보다는 사실 요즘 너무 바쁘고, 또한 경제 상황조차 한치 앞을 예측 못하는 시국인지라 스트레스는 더해만 갔다.

나의 상황을 잘 아는 와이프조차 '힘들면 그만두라' 한다. 하지만 나는 해야 한다. 늘 힘든 과정 속에서 새로운 것을 배우고, 그런 상황에서 어김없이 내 인생 한 단계씩 업그레이드시켜온 나 아닌가!

오기가 났다. 오히려 지금의 현실이 강물을 거슬러 오르는 연어처럼 꿈을 향해 거슬러 올라가고 싶은 충동이 강하게 느껴진다. 가야지, 가서 공부해야지….

공부건 사랑이건 모두 다 나이 먹고 한다는 게 어렵다는 건 익히 아는 사실이지만, 오늘은 더 힘들게 느껴진다.

힘내자.
피하지 못할 바엔 차라리 즐기자.
늘 그럴 때마다 너는 꼭 해냈으니까….
웃자. 그리고 가자. 여행가는 기분으로. 또 하나의 기쁨을 찾아 떠나는 여행처럼 말이다.

- 박사 논문 프로포잘 교수님 지도받으러 떠나며….

박사학위 논문 프로포잘 하던 날

'새벽이 오기 전 어둠은 절정을 다한다'는 말처럼 마지막 학기란 그처럼 어려운 모양이다.

월…, 금, 토, 일 일주일 내내 회사 일을 접다시피 했다.

이처럼 회사 일을 등져본 시간이 없었기에 밤마다 잠이 오지 않았다.

2008년 6월 16일 박사학위 논문 프로포잘 하던 날, 그날은 자신을 뒤돌아 볼 수 있는 계기를 준 것 같다. 회사 일 접어두고 공부한 노력의 결과였지만, 결과물에 대해서는 너무나도 큰 아쉬움으로 남는다. 일생 한번밖에 없는 일이거늘….

준비가 너무 소홀했던 점을 나 자신 스스로가 반성해야 할 듯싶다.

내 자신이 이처럼 철저히 미워지는 날이 없었는데, 그날은 내 자신이 너무 미웠다.

발표 후 뒤풀이 행사 도중 스스로 감정을 통제하지 못하고 밖으로 뛰쳐나왔다. 밖으로 뛰쳐나온 나는 연신 담배만 피웠다. 오늘은 철저하게 내 자신이 미워진다. 여러 가지 상념이 스치고 지나갔다.

학교와 함께했던 많은 시간들….
41살에 대학원 입학하여 지금까지 8년의 세월동안 한 번도 배움의 끈을 놓지 않았다. 사실 학교로 인하여 배움은 컸지만, 냉정히 생각하면 그 배움 때문에 잃은 것도 많았다는 것을 간과할 수 없다. 지금은 배움도 지리하고, 힘도 부쳐가는 인상이다.
무언가 시작하면 끝을 보는 성격이라지만 뒤집어 보면 포기하는 것도 큰 용기다. 무언가 하나를 포기하지 않으면 안 될 듯싶다. 회사 일을 접든지, 아니면 박사학위를 이쯤에서 포기하든지….
자신감 하나로 살아온 나였기에 오늘처럼 일 못하고 자신감 코 박는 일이 또 있을까?
고민이 커져만 갔다. 오늘의 모습은 그냥 대충 넘어가기 싫었다. 나 자신이 분명한 해답을 내놓기 전에는 한 발도 전진하기 싫었다. 답이 나오질 않는다. 정신이 혼란스럽기만 하다. '포기하자', '그래 미련 없이 포기하자.' 온통 그 생각뿐이었다. 내가 전력투구를 하지 못할 바에야 포기하는 쪽이 현명할 거라는 생각이 들었다.
바람을 세게 불어넣은 풍선을 손에서 놓고 하늘로 오르는 풍선을 멍하니 바라보는 아이처럼 내 마음에 고뇌의 바람을 세게 불어 넣고, 내 마음을 놓아버리고 싶은 생각뿐이었다. 갑자기 생각이 멍해진다.

며칠 생각의 끈을 놓자.

전화벨은 계속 울려댔다. 나를 찾는 모양이다. 아침, 점심을 걸렀건만 곡기를 입에 넣고 싶지도 않다. 오직 술만 생각났다. 어딘가 푹 들어가 아무도 없는 곳에서 술이나 마셨으면 하는 생각만 가득했다. 그래도 오늘 주인공인데 참아야지…. 교수님도 계신데 추슬러야지….

참고 또 참았다. 조용히 들어가 술만 마셨다. 빈속이라 그런지 취기가 빨리 왔다. 내 표정을 보고 마음 아파했을 교수님 생각이 나를 또 괴롭혔다.

오늘 나 어쩌란 말인가! 마지막까지 후배들과 뒤풀이를 하고 돌아오는 길, 그날따라 추적추적 내리는 비는 나를 더욱 슬프게 했다.

성·공·의·끈

인간사 세상 물이 깨끗하면 갓끈 씻고, 세상 물이 혼탁하면 조용히 양말 벗고 발 씻으면 되는 법이다.
시대의 시류에 조용히 순응하는 것도 지혜다.

배운다는 것

"가르친다는 것과 배운다는 것은 서로 도와서 커진다는 것이다."

"배운다는 것은 어머니의 젖을 먹는 것과 같은 것이다. 어머니의 젖은 키를 크게 하고 몸을 살찌우는 것이라면, 배우는 것은 머리가 깨고 생각이 자라게 한다." - 권정생 님의 《몽실 언니》 중에서

배운다는 것은 태어남에서 죽을 때까지 인간이 해야 할 숙제인 듯 싶다. 평생 배우지 않고 죽는다는 것은 숙제를 하지 않고 학교에 가는 학생과 같다. 숙제를 안했을 때 결과는 선생님의 회초리와 꾸중밖에 없다.

저승에 가서 꾸중 듣고 벌(罰)을 설 것인가? 그럴 자신 있는 사람은

배우지 않아도 된다.

  배움을 통해서 깨달음(覺)을 얻지 못한 사람은 희열(樂)을 모르고 살아가는 사람들이다.

  '머리가 깬다'는 것도 깨달음(覺)을 얻기 위한 것이요, 생각이 자라게 하는 것도 결국은 깨달음(覺)을 얻기 위한 것일진대, 어찌 배우지 않고 살아가려 하는지…. 그런 사람들을 보면 '참 배짱 좋다'는 생각이 든다.

  나이 들수록 더 배워야 하는 이유도, 나이가 들면 들수록 생각의 창고가 고갈되지 않도록 계속해서 채워 넣는 것은 소나무처럼 늘 푸르게 늙지 않고 살아가는 유일한 방법이 있기 때문이다.

  많은 사람들이 불혹의 40대를 맞이하면 배움의 끈을 놓아버린다. 지금까지 배운 지식으로, 그동안 배운 자기 생각대로 남은 반평생을 살아가려 한다. 참으로 배짱 좋은 사람들이다. 그들은 마치 한 번 구매한 뮤지컬 티켓으로 이 공연, 저 공연 다 보려는 사람과 같다. 그들은 마치 처음에는 꾸준히 레슨 받고 열심히 필드에 나가던 골퍼가 어느 날부터 '골프 그까짓 것 이제 연습 안 해도 언제라도 싱글 치겠구나' 하고 자만하는 것과 무엇이 다르겠는가.

  고인 물에는 이끼가 끼고 냄새가 나듯이, 인간도 배우지 않으면 신선도가 떨어지는 법이다.

  우리가 어렸을 땐 배가 고파 먹을 것 있으면 그냥 먹기 바빴다지만, 요즈음 아이들은 아무리 맛있는 음식이라 할지라도 유통기한을 반드시 체크하고 먹는 것처럼 세상은 빠르게 변화되고 있으며, 그에 따라 생각, 즉 사고(思考)의 유통기한은 급속도로 짧아지고 있다.

변화의 물줄기를 거스른 자는 성공할 수 없다. 변화에 순응하는 것이 자연의 섭리이자 인간의 도리이다. 초고속 인터넷을 두고도 예전의 희미한 슬라이드를 보려는 바보는 성공할 수 없는 법이다. 마치 등산할 때 대오에서 이탈하면 낙오자가 되듯, 나이 들수록 배움의 끈을 놓지 않는 게 오늘의 세상에서 '왕따' 되지 않는 유일한 방법일 듯싶다. 적어도 아이들에게 "아빠는 몰라" 소리를 들어서야 되겠는가!

나부터 열심히 배우고 또 배우는 것은 '내가 가는 곳 어디든지 그곳에 에너지(Energy)가 돌게 하고, 그곳에 희망과 용기를 풀어주는 펌프(Pump)의 역할을 하는 것이 나의 소임이 아닐까?' 하는 생각을 가져본다.

성·공·의·끈

내 손에 무엇을 쥘까?

내 손에 무엇을 들었느냐에 따라서 내 할 일이 설정되고, 내 운명이 결정되는 법이다.

Success Story

제3장 일의 끈

나는 외롭지 않아, 직원들이 있으니까

갈대는 외롭지 않아, 새들이 있으니까.

　일요일 낮 일주일 내내 꽝꽝대던 망치소리 철판 두들기는 소리도 고요히 잠을 잔다. 그 찡찡대는 그라인더 소리도 멈췄다. 조용히 잠든 회사에 도둑고양이처럼 사장 혼자 나와서 자판을 두드리며 잠시 직원들의 상념에 잠겨본다.
　우리 회사는 기계제작 업체이다. 그렇기에 직원들이 많이 힘들다. 아니 어쩔 때는 직원들이 애처롭기까지 할 때가 많다. 내가 배운 게 철(鐵)이고, 누군가 해야 할 일이기에 한편으로는 스스로 위안도 해보지만 직원들이 웃으며 따라주지 않으면 힘든 직업이다. 내가 당당할 수 있는 것도 모두다 직원 덕이고 우리 회사가 당당해지고, 알뜰해지는 것도 모두가 다 직원들 덕이다.

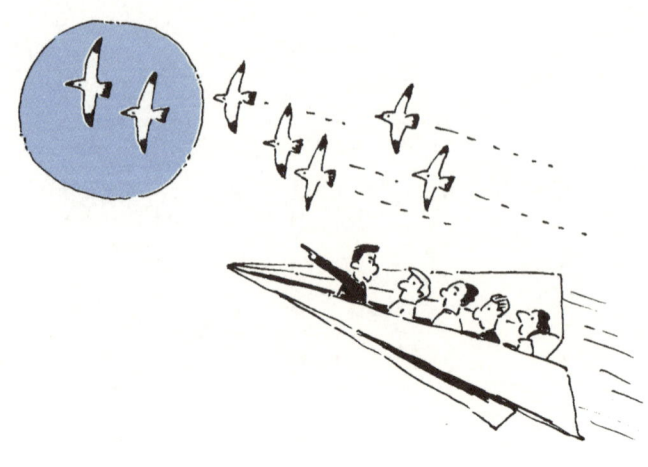

    나는 그런 직원과 함께한다는 사실을 늘 자랑하곤 한다. 늘 직원타령(?)만 하는 사장들과는 대조적이다. 더 힘들고 피곤해야 할 업종이 오히려 웃어야 하는지, 그 이유가 뭔지 다른 사장의 부러움을 사기도 한다.

    그래서 회사에 출근하면 그저 편하고 행복하다. 가정도 편하지만 회사에 오면 또다른 행복감에 젖는다. 그래서 일요일에도 특별한 일이 없으면 회사에 무조건 들렀다 가는 게 생활화되었다. 창업부터 지금까지 한 번도 빠진 적이 없는 듯하다.

    나는 외롭지 않다. 직원, 그들이 있어 외롭지 않다. 그러나 직원들이 열심히 하는만큼 그들의 소망에 귀기울여보지 않은 자책감이 들 때가 많다. 이제까지는 회사를 키우기 위해 어쩔 수 없었다고 하자. '이제는 사장인 내가 발 벗고 나서 그들을 돌봐야 한다'는 생각이 든다.

지금부터 실행을 해야 한다. 열심히, 묵묵히 일해 준 그들에게 작은 위로가 될 터이니 말이다. 일요일 회사에 나와 또 하나 중요한 걸 배웠다. 내가 이처럼 행복한 것은 가정과 회사 직원들의 헌신 때문이란 사실을 알기에….

오늘 배운 '그들에게 소중한 책임'을 다하고자 한다.

마음이 평온하다. 평온한 내 마음에 다가오는 햇살이 따사롭게 느껴진다. 이 햇살과 같은 따뜻한 행복이 직원들의 가정에도 포근하게 비추어졌으면 한다.

나는 굴뚝 남자

시골에 살 때, 밥 먹을 때가 되면 늘 굴뚝에 연기가 피어오르기 시작했다. 모락모락 피어오르는 연기. 우리 집 굴뚝은 작았다. 피어오르는 연기조차 가늘었다. 그만큼 밥 지을 식량도 적었던 모양이다.

군대 제대하고 사회에 첫발을 내딛을 때부터 난 굴뚝쟁이로 시작했다. 처음 사회에 나와서 무엇을 배우고 어떻게 살아야 하나 생각되었다. 그땐 그저 꿈도, 희망도 없었던 시절로 회자되곤 한다. 먹고살기 위해서 그나마 할 수 있었던 일이 '기계제작 업체에 들어가 기술을 배워야 한다'고 마음먹었던 것 같다.

그때의 기억에서 20여 년이 흐른 것 같다. 그 굴뚝쟁이가 지금은 행복의 미소를 띠며 당당히 서있다. 일하며 배우고 그리고 사랑하며 즐겁게 말이다.

지금도 사회에 나와 첫발을 내딛은 수많은 젊은이들이 있다. 그들을 볼 때 그나마 '우리 때는 행복했던 것 같다'는 생각이 든다. 오직 일해야 먹고 살았기에 너나할 것 없이 일에만 매달렸는데, 지금의 현실은 그렇지 않은 것 같다.

시대의 변화는 삶을 편하게 해준 만큼 우리들에게 더 큰 함정을 만들어 놓은 듯싶다. 삶의 달콤한 유혹 말이다.

어젠 워렌 버핏이 왔다고 난리들이다. 하필 대구텍이라는 제조업체를 방문해서 직원들과의 만남을 가졌다고 한다. 한편으론 씁쓸했다. 아무리 투자의 귀재라 하지만 광분할 일은 아닌 것 같은 생각이 들었다.

'한국 기업은 아직도 저평가 되었다'는 그의 말 한마디에 주가는,

– 코스피 51P 급등, '버핏의 선물' 2,000 재돌파 –

신문 1면의 기사를 보고 또 한 번 씁쓸한 뒷맛을 느껴야 했다. 주식을 안 가지고 있어서 배 아파서가 아니다. 돈을 번다는 것, 성공한다는 것은 장기적으로 자신에게 투자한 사람의 몫이요, 제조를 해서, 아이디어를 짜서 돈을 벌어야 제대로 된 투자일진데, 요즘엔 돈을 너무 쉽게 벌려고 너나할 것 없이 모두들 아우성이다.

'주식이다, 부동산이다, 펀드다' 하여 이 나라가 온통 들떠있으니 나 같은 굴뚝쟁이는 어디 가서 말 한마디 해본단 말인가? 내 성공담(?) 말 꺼내기도 두려운 세상이 되고 말았다.

경제신문을 보라! 경제 감각도 읽히고, 경제 흐름도 알고, 또한 경

제도 배우고…. 하지만 신문을 보라. 1면, 2면, 4면, 5면, 6면, 7면, 10면, 21면, 25면, 31면, 대문짝만한 주식관련 광고물 속에서 살아야 하는 젊은이들의 현실이 안타깝다. 내용을 보면 '최고 갑부', '수익률 400%', '5배 황제주', '3,000P 펀드 100조', '2년만에 100억 벌기.' 참 맘도 좋은 사람들이다. 혼자 조용히 벌지 신문에 대문짝만하게 까발리니 말이다. 옛말에 '산삼과 송이가 나는 자리는 자식한테도 안 알려 준다 했는데….'

극소수의 사람이 횡재를 한다 해서 나도 따라가야 하는 것일까? 그것처럼 또 우매한 일은 없을 것이다.

시대가 들떠있다. 구로공단에서 재봉질로, 마산 수출자유지역에서 신발을 만들어 학비 대던 시절, 그땐 몸은 힘들었지만 배운다는 희망, 가족의 행복은 살아 숨 쉬었던 것 같다.

주식 투자해서 돈 번 사람, 그 돈으로 자식 교육시키고 가정이 행복한지 묻고 싶다. 쉽게 벌려하지 말자. 힘들게 돈을 버는 과정에서 인생의 행복, 가족의 사랑도 따라오는 법이다. 이 과정이 무너지면 오늘날 같은 기현상이 나는 법이다. 굴뚝에서 금맥을 캐는 광부가 되어라. 그 금맥은 자신감이요, 행복이요, 사랑이란 사실을 알아야 한다.

20여 년 기술을 배워 살아왔지만 대박 없어도 행복하다. 주식이 떨어져도, 유가가 오르더라도 행복하다. 어느 상황에서든 굴뚝을 통해서 살아남는 법을 그리고 행복해지는 법을 배웠기에 가능한 것이라 확신한다. 열심히 택시운전을 해서 20만 원, 열심히 미장원을 해서 30만 원을 저축하고 그분들의 때 묻은 저축통장에 행복과 사랑이 베어나는 그런 세상이 왔으면 싶다.

젊은이여! 쉽게 성공을 사려들지 마라. 어렵게 성공한 가슴엔 사랑과 행복, 인정과 배려, 믿음과 소망 그리고 자신감이 살아 숨 쉰다면 쉽게 대박을 쫓는 사람의 가슴엔 타락과 불안, 이기심과 두려움 그리고 공허함만이 살아 숨 쉴 테니까 말이다.

산타크로스 할아버지는 굴뚝을 타고 내려오지 주식 전광판을 타고 내려오지 않는다는 것을 알아야 할 것이다.

성·공·의·끈

"인연이란 마치 자석과 같아서 찰싹 눌어붙을 때도 있고, 아닐 땐 서로가 냉정히 밀어버린다." - 태기 생각 -

내 성공의 어시스터는 무엇이었을까?

assister….

'성공'은 아침에 눈을 뜨면 떠오르는 해처럼 그저 때가 되면 찾아오는 손님이 아니다. 또한 성공은 애써 노력한다 해도 노력한 사람 모두에게 성공의 면류관을 씌워주지 않는 법이다. 그것이 바로 성공의 특성이다.

인간이 노력한다는 것은 단지 성공의 확률을 높이는 것뿐이지 열심히 노력한다고 반드시 성공한다는 보장은 없는 것이다. 단지 열심히 노력한다는 것은 성공의 가능성을 확보하기 위한 수단에 불과한 것이다.

나는 예나 지금이나 결과에 대해서는 연연하지 않았던 것 같다. 그저 배우는 것이 좋고, 일하는 게 좋아서 열심히 했을 뿐 결과에 대해서는 크게 생각하지 않았던 게 주효했던 것 같다. '나는 할 수 있다'는 자신감 속에서 연애하듯 일을 즐기는 습관, 거기에 멀리보고 작은 일에 최선을 다하려는 마음만 있었을 뿐이었다.

그렇다면 내 성공의 어시스터는 무엇이었을까?

그것은 첫째, 일을 사랑하는 마음이다.

일에 대한 애정과 열정만큼은 지고 싶지 않았다. 일을 주는 고객을 편하게 해주려는 마음은 한시도 놓아본 적이 없다. 적어도 나를 믿고 일을 준 업체담당자들을 실망시키는 일은 하기 싫었다. 그것이 고마움에 대한 최소한의 예의요, 배려라고 생각했다. 일이 있어 땀 흘리고, 일이 있어 신명나는 하루하루는 돈을 주고도 살 수 없는 이 세상에 가장 큰 나의 행복이었다.

둘째, 하루도 일을 놓지 않았다.

거짓말 같지만 해외여행, 지방출장 등 어쩔 수 없는 여건 아니면 100% 출근부에 도장을 찍었다. 10분이건, 한 시간이건 중요하지 않았다. 일의 끈을 놓지 않는다는 의지가 중요했기 때문이다. 그 점은 오늘에 있어 나의 든든한 백이 되어 나를 지켜주는 수호신이 되었다.

셋째, 기본과 원칙을 소중히 하는 마음이었다.

백 번을 강조해도 부족한 게 바로 기본과 원칙이라고 생각한다. 일을 하든, 사랑을 하든, 배움이든 모두에게 공통으로 요구하는 사양이 있다. 기본과 원칙을 준수하라는 것이다. 어떤 일을 하든지 기본과 원칙에 충실하려 애썼다. 눈에 보이는 사사로운 이익보다는 원칙에서 어긋난 일은 시작도 하지 않았다. 냄새나는 일은 아무리 이익이 있다 해도 쳐다보지 않았다.

그렇듯 묵묵히 걸어온 세월…. 만 10년 그 인고(忍苦)의 세월은 나에게 성공의 면류관을 씌워주었다. 10년의 세월을 묵묵히 일해 온 나에게 '고생했다' 말하고 싶다. 남이 이룬 업적에는 조족지혈이겠지만 어느 성공과도 바꾸고 싶지 않은 내 인생, 그 자랑스러운 내 인생을 껴안고 뜨거운 키스를 퍼부어 주고 싶다.

내 손안의 신용카드

마음이 벅차다.

오늘의 자유는 만 10년만에 맞는 내 마음의 자유(自由)다.

만 10년만에 신용카드를 발급받았다.

언젠가 내 신용이 회복되면 누군가 부여잡고 울고 싶고, 그동안 부도로 인한 가슴에 담았던 많은 얘기들을 토해내고 싶었다. 그러나 지금 붙들고 울 사람도 없고, 누군가에게 내 지난 얘기를 토해낼 대상도 없다.

이유야 어쨌든 만 10년이 흘렀다. 10년 전 나는 한순간에 극심한 어려움을 겪어야만 했다. 그게 '죽도록 일한 나의 결과'라는 사실에 처음에는 인정하고 싶지 않았다. 하지만 현실은 누구나 할 수 있는 금융거래조차 어렵게 만들어 놓았다. 주민등록만 내 이름으로 되어 있을 뿐, 내 이름은 금고 저 안쪽에 보관한 채 모든 외부활동은 타인의 명의를 써야 했다. 평소 그토록 자랑스러워했던 내 이름이건만 이제는 쓰지 못한다는 아픔, 그때부터 혹독한 나의 도전은 시작되었다.

사실 내가 사업을 하다가 연쇄부도를 맞아 어렵게 될 줄은 꿈에도 몰랐다. 직장 생활 10년을 할 때도 당당했으려니와 사업을 시작할 때도 누구보다 당당했기에 더더욱 충격은 컸지만, 내성 또한 단단하게 다져졌던 터라 그나마 담담하게 현실을 받아들였다. 내가 어렵다는 사실을 알고 있는 사람은 많지 않았다. 와이프와 채권 당사자들 외에 내가 어렵다는 사실을 알고 있는 사람은 거의 없었고 심지어 당시 초3, 초1학년이었던 우리 아들 녀석들뿐만 아니라 주변 친구들, 거래처 직원, 나아가 부모형제들조차 나의 사정을 모르고 있었다.

동네방네 소문낸들 무엇하겠는가! 듣는 사람 마음만 아플 뿐 아무에게도 도움이 되지 않는다는 사실을 누구보다도 잘 알고 있는 나였기에 더더욱 나를 아는 다른 사람에게 고통을 분담하고 싶지 않았다.

언젠가 때가 되면 내가 더 비상(飛上)할 날이 오겠지. 열심히 일하며 이뤄놓았던 지나간 세월이 아쉽기는 하지만, 현실이 나를 어렵게 한 걸 누구에게 원망한단 말인가! 아무에게도 원망하지 않고 내 업(業)으로 받아들이고 싶었다. '하늘이 내가 미우면 이 땅위에서 살 자격을 거두었을 텐데 나를 놓아둔 채 내가 가진 것만 빼앗아 간 걸 보면 분명 나에겐 살 희망이 있는 법' 아닌가?

아무도 원망하지 않은 힘이 나를 일으켜 세워준 모티브가 된 것 같다. 연쇄부도 나던 날, 사실 어음 부도라는 게 어떤 것인지도 모른 채 일하기에만 바빴다. 부도 맞은 당일도 태연하게 수주(일감)받던 회사에 찾아가 그 직원들 점심을 사주며 위로하였다.

  지금 생각해도 그때 그 행동이 어디서 온 배짱인지 나도 모르겠다. 다른 사람 같으면 '죽는다', '도망간다', '외국으로 잠적한다' 등 난리법석을 부리며 그나마 있는 것 다 챙겨서 다른 가족명의로 숨겨놓기 바쁠 터인데…. 내 발등의 불은 생각하지 않고 그저 오늘날까지 도와주었던 분들의 아픔을 먼저 챙기는 순수한 영혼과 일에 대한 열정 그리고 신의를 중요시하는 사업가요, '일만 열심히 하면 땀방울의 대가를 반드시 주겠지' 하고 세상을 대하는 순진한 경영자였던 것 같다.

  내가 아무리 안전 운행을 해도 상대방이 중앙선을 침범하여 들이받을 때는 어쩔 수 없이 교통사고를 당하는 것처럼 주변 환경변화에는 너무 무지했기에 내 잘못이라고 스스로를 달랬다. 부도를 내서 나를 고통스럽게 한 그 회사보다 '현실의 책임을 내 탓으로 돌리는 용기' 때문에 당시에는 부도 수습을 잘못하며 지금까지 고생이 더 했다. 하지만 그때 나를 먼저 챙기지 않고 남의 아픔을 함께한 그 마음 때문에, 또 하나는 어쩔 수 없는 IMF의 국가 부도로 인하여 연쇄부도를 당했어도 그 책임을 나에게 돌리는 책임경영 의지가 있었기에 오늘의 재기도 가능했다고 자부를 한다.

  빈손으로 시작했기에 웃으며 다시 시작했을까?

  아무리 빈손으로 사업을 시작했든, 주위의 도움으로 사업을 시작했든 땀방울로 알뜰하게 이루어 놓은 회사를 송두리째 빼앗긴다는 것은 너무 억울한 일이다. 하물며 나는 주위의 도움도 받을 입장이 아니었을 뿐더러 도움 받고자 하는 그런 마음은 추호도 없었다. 결혼할 당시에도 그랬거니와 사업을 시작할 때 역시 남의 도움은 준다 해도 정중히 거절했을 것이다.

그만큼 자립심 하나는 남보다 확실했던 것 같다. 맨손으로 시작한 결혼생활 지금도 여유롭게 행복하거니와 빈털털이로 다시 시작한 사업도 남부럽지 않은 탄탄한 회사로 만들어 놓았다.

만 10년…. 재기의 세월. 당시 행복하게 살던 아파트(5년을 어렵게 어렵게 안 쓰고 안 먹으면서 마련한 집)를 졸지에 빼앗기고, 죽을 똥 살 똥 모르고 애써 이루어 놓은 법인회사도, 나아가 4년을 애써 일해서 공단에 마련해 놓은 공장(내가 설계해서 내가 직접 지은 공장)마저 송두리째 빼앗겨버렸다. 사실 지금 생각해보면 잃어버린 많은 것들 중 아쉬운 건 하나다. 바로 법인회사다. 그때 살면서 회사만큼은 내 새끼나 다름없었다. 내 자식 같은 회사를 접어야 하는 심정은….

애써 키운 자식을 보내는 부모의 심정과도 같은 것이다. 그런 자식(법인회사)을 폐업 신고할 때의 심정은 이루 표현할 수 없는 아픔이었다. 그 표현하지 못할 많은 아픔들…. 헤쳐 나온 힘은 '빈손'이라는 사실이다. 빈손이었기에 행복할 수 있었고, 빈손의 시작이었기에 성공할 수 있었다고…. 빈손이었기에 재기할 땐 부자(?)로 출발할 수 있었노라고….

아직도 그렇거니와 출근과 함께하는 출근카드는 나의 든든한 백이었다.

연쇄부도 맞은 날, 그날도 그러하거니와 그 다음날도 회사를 제시간에 출근하였다. 직원들의 수군거림도 거래처의 수군거림도 모른

척하면서 말이다. 예전과 달라진 것은 부도로 인하여 할 일이 많아진 것뿐이다. 불안해하는 직원들 급여도, 퇴직금도 챙겨주어야 하고, 거래처 미지급 금액도 처리해 주어야 한다. 일은 천지개벽이 와도 해야 하는 것이며, 다른 일은 차근차근 풀어 가면 되리라는 확신을 먼저 가졌다. 직원들이 불이익을 당하지 않도록 내가 직접 방안을 강구하고 향후 회사가 경매에 들어가도 우선 변제받을 수 있도록 근로자 대표와 협의 하에 추진하였다.

주 거래처의 부도로 인하여 금전적 손실을 감수하는 것도 마음이 아프지만 더욱 마음 아픈 건 거래처가 없어졌다는 사실이 당시에는 더 큰 충격이었다. 매출의 80%를 차지하던 주 거래처의 일감이 끊어진 후, 신규 회사에 찾아가 일감을 달라고 하는 것은 너무도 어려웠다. 부도 맞아서 가진 것 다 털어주어도 부족한 회사에 어느 누가 일감을 준단 말인가.

그러나 포기하지 않았다. 하루하루 표정 흐트러트리지 않고 아는 회사의 문을 노크했다. 믿을 건 '나' 뿐이다. 나를 보고 일감을 주는 회사만 찾아서 영업할 수밖에 없었다.

하루하루 출근카드를 찍었다. 일부는 비아냥거리기도 하였다. 다 망해버린 회사 '출근은 왜하며, 카드는 왜 찍느냐' 이거다.

회사가 잘 나가도 내 회사지만, 망해도 내 회사다. 회사가 잘 나가도 사장은 나요, 망해도 이 회사의 사장은 나다. 비웃는 사람들을 미소로 받아 주었다. 다 내 책임인 걸….

회사를 생각하는 그 애착심이, 출근카드를 찍는 그 성실한 손이 나에게는 가장 큰 무기다. 다 망해도 내 손안의 무기는 내 손에 쥐어있다. 칼을 든 장수가 무엇을 두려워한단 말인가? 그 배짱이 오늘의 재기를 도운 무기가 된 듯싶다.

10년 전 '누구보다도 어려웠던 그 사람' 여기 있소.
2007년 12월 24일, 그날은 크리스마스이브가 아니다. 바로 내가 만 10년만에 어려움에서 벗어난 날이다. 좀 더 일찍 벗어날 수도 있었지만 고엽(苦葉)을 씹는 마음으로 더 단단해지고 싶었다.
지금 일어날 수도 있지만 애써 '십년불명불비(十年不鳴不飛)' 하고 싶었기에 참고 또 참았다.
2008년 1월 24일 만 10년만에 W은행의 BC 신용카드를 손에 쥐게 되었다. 요즈음엔 누구나 5~10개는 소지하고 다니는 그 흔한 카드를 손에 넣기까지 10년. 아직은 Platinum이다. 하지만 그 무엇보다도 소중한 내 이름이 박힌 카드, 소중하게 사용하고 싶다. 더 이상 내 손에서 떠나가지 않게 말이다.

내 인생의 좌회전

 길을 걷다 보면 평탄한 고속도로가 있는 반면, 험한 비포장도로 도 있고, 그보다 더 위험하고, 좁고 힘든 길이 있다.
 살다보면 누구나 잘나갈 때도 있지만, 때론 어렵고 힘든 길을 가야 할 때도 있다. 내가 고집 부린다고 평탄한 길만 걷게 해달라고 하는 것은 억지다. 누구든 힘든 길을 택하여 어렵게 울면서 걷고자 하는 사 람은 없을 테니까 말이다.
 인생살이가 그리 호락호락하다면 인생의 행복지수도 그만큼 값어 치가 없어진다. 날씨 좋은 날 우산을 말려 놓아야 한다. 비가 오면 급 해지지 않기 위해서 말이다. 돈 벌이도 마찬가지다. 잘 벌릴 때 부지 런히 재테크로 돈을 불려 놓아야 한다. 이는 인생살이 리스크를 사전 에 예방하기 위해 필요한 것이다.
 나는 바보다. 한번쯤 잊을 법도 한데 회사를 잊지 못한다. 이것도 병이다. 내가 인천에 있는 한 단 한 번도 회사에 가지 않은 적이 없는 듯하다. 해외나 지방출장 빼고는 회사에 안 가본 적이 없다. 새벽녘이든, 밤중에 일보고 들어오든 여지없이 회사를 들렀다 왔다. 그래야 집에 편히 돌아갈 수 있었다.

　회사는 남동공단, 집은 연수동이기에 여건상 가능할 수도 있겠지만, 왠지 회사를 갔다 오지 않으면 무언가 허전한 듯 마음이 평온하지 못하다. 편히 잠을 이룰 수가 없다. 특이체질인 모양이다.

　회사는 경쟁력으로 먹고 산다. 경쟁력이 없으면 도태되는 법이다.

　우리 회사의 경쟁력은 무엇일까? 한 가지 분명한 것은 회사에 대한 애착, 애정만큼은 세상 어느 CEO에게 뒤지고 싶지가 않다. 비록 작은 중소기업이지만 탄탄하게 가꾸고 싶은 열정이 나를 그렇게 습관 들인 모양이다.

우리 회사는 직원들의 도움으로 매년 10% 이상의 순이익을 실현했고, 그보다 더 자랑스러운 것은 임직원 급여를 매년 10% 이상씩 인상하였다는 사실이다. 이 두 가지는 앞으로도 내 사명처럼 반드시 해낼 것이다.

요즘처럼 불확실한 경제여건을 뒤돌아본다면 사장인 내가 정신 차려야 한다는 사실이다. 주변 환경이 골목길이건, 가시밭길이건 그 길에서 회사를 이끌어 나아가야 할 사장이다. 대우받을 때는 사장이고, 회사 돈 잘 벌 때는 폼만 재다가 어렵고 힘들면 직원들 허리띠 졸라매라고 강요하는 그런 사장이 되기 싫어서 평상시 '바보사장'이 되기로 했다.

회사 하나 바로 서면 여럿이 행복하다. 나와 가족은 물론이려니와 직원과 직원 가족까지 행복하니 어찌 한눈 팔 수 있으랴! 회사는 무엇인가 하나 이상의 에너지가 있어야 추진력이 생기는 법이다.

나는 그 추진력이 나의 열정(Passion)이라 생각한다. 그 열정의 그릇에 회사에 대한 애정의 발걸음을 담을 때 무게중심 추가 바로 설 수 있다는 사실이다. 뒷심이 있는 회사는 아무려면 어떠랴. 연약한 중소기업은 사장의 열정과 애정이 없으면 영속 성장의 비결은 없는 듯하다. 일요일, 공휴일 아니 외근 후에도 내가 집에 들어가기에 앞서 좌회전을 하는 이유가 바로 이 때문이다. 바보처럼 이제껏 단 하루도 인천에 있으면서 회사에 들리지 않은 날이 없는 이유가 바로 그것이다.

'영속 성장', 그것만이 나와 내 회사를 위해 헌신하는 직원들을 위한 나의 기본 예의라 생각한다.

우체통 보는 것이 두려웠다

한동안 우체통 노이로제가 있었다.

폐업한 법인명의로 날아오는 우편물이 싫었다. 겁이 나서가 아니라 우체통에서 편지를 꺼내는 순간, 옛일이 생각나기 때문이었다. 옛일을 생각하면 일도 손에 잡히지 않는다.

지금은 그저 옛일 까마득히 잊어먹고, 죽자 살자 일을 할 때다. 일 잘하다가도 옛일 생각나면 자신이 초라해지는 게 싫었다. 그렇게 열심히 또한 부지런히 살아온지 10년(3,650일). 나는 다시 쓰러진 회사를 일으키게 되었고, 완전히 재기한 후에도 근 1년 여를 예전과 같이 우체통에 다가서지 않는 습관이 자리하고 있었다.

지금도 직원이 가져다주는 우편만을 뜯어본다. 마음 편히 나의 우편물을 내 손으로 받는다는 행복(?), 경험하지 않은 사람들은 내 마음을 알 리 없다.

내가 어려웠을 때 나의 제일 큰 소망은 '다시 원점에서 시작했으면…' 하는 것이었다.

'그저 무일푼(빈손)에서 다시 일할 수만 있다면…' 하는 게 소원이었던 그 시절, 이젠 어떠한 경우라도 정신 바짝 차리고 하는 사업 열심히 하는 게 나의 꿈이자 소망이다.

오늘도 꿈과 소망을 예쁘게 포장하여 빨간 우체통에 넣는 아름다운 하루가 되었으면 싶다.

눈물 흘릴 시간조차 내겐 사치였다

거슬러 올라가 10년 전 IMF 태풍이 몰아치기 2달 전 사업을 시작하고 3년 지난 후의 일이었다. 사업 시작 전 직장생활도 당당하게 했지만 사업 역시 남들이 부러워할 정도로 승승장구하던 때였다. 내게 불가능이라곤 없었던 그 시절 '열심히 하면 무조건 다 된다'는 순진한 생각에 사로잡혀 일에 푹 빠져있을 바로 그때였다.

IMF의 전조를 알리기라도 하듯 IMF의 태풍은 내 사업을 송두리째 덮치고 말았다. 나에겐 이겨내지 못할 엄청난 시련, 그때는 남들처럼 울어야 하는데 이 독한 놈은 울지 않았다. 오히려 너무나 태연한 나를 보면서 스스로 놀라야 했다.

울지 않고 슬퍼하지 않았던 건, 10년이 지난 오늘을 예견했기 때문일까? 그땐 너무 충격적이어서 울 준비도, 울 힘도 없었다. 일에 쫓기다 보니 남들처럼 흘려야 할 눈물이건만 울지 못했다. 사내로서 눈물

보이기 싫었고 또 울 여유조차 내겐 사치로 여겨졌다. 아니 울고 싶어도 내 눈물샘은 이미 고갈되어 정작 흘릴 눈물이 없었다.

- 20년 전 (아버님 돌아가셨을 때…)

아직도 아버님을 생각하면 가슴이 저민다.

고등학교 1학년 때 부친의 갑작스런 작고로 인하여 많이 울었던 것 같다. 그때는 하염없이 쏟아지는 눈물 때문에 눈이 퉁퉁 부어버렸고 내 눈을 바라보시던 가족, 친지 그리고 조문객의 마음을 더욱 슬프게 하였다.

그 후 숨 가쁘게 살아오는 길목에선 눈물 따윈 나와 상관없는 일이려니 했던 것 같다.

- 10년 전 (부도 맞았을 때의 아픔)

너무 자만했던 탓일까? 사람이 아무리 자신만만하게 승승장구하며 잘 나가도 눈물샘에 눈물이 마르지 않도록 준비하는 게 도리일진데 그러지 못했던 것 같다.

살면서 혹독하게 나를 시험하던 날이 네게도 다가왔다. 또 한 번 울어야 할 일이 내 앞에 닥친 날, 지금 생각해도 기억이 너무 생생하다. 울어야 하는데 울 수가 없었다. 미처 눈물을 준비하지 못했기 때문일까? 울음을 미리 준비해놓은 바보야 있을리 없겠지만, 정말이지 내겐 흘릴 눈물이 없었다.

운명을 미리 예견한 사람이 아픔 앞에서도 의연하게 현실을 받아들이듯 울음대신 헛웃음을 지어야 했던 나는 끝내 눈물을 보이지 않았다. 오히려 담담하게 현실을 받아들이는 순한 남자가 되어버렸다.

- 지금 (재기 성공 후…)

20년 전 그 순수한 학생이, 10년 전 모질고 독한 놈이 오늘 우뚝 섰다.
아직도 어머니의 품처럼 포근한 고향에서 혹독하리만큼 모진 눈보라, 비바람, 태풍을 맞고도 우뚝 서있는 소나무를 바라보고 살아서인가? 아니면 내 자식처럼 아끼고 사랑하는 내 회사, 애써 일하던 직장이 폐쇄될지 모르는 불안감에 떠는 직원들의 안타까움 때문이었을까?
지금 생각해보면 그때의 시련이 나를 새롭게 업그레이드 시켜준 하나의 계기가 된 것 같다. 그때 아픈 상처를 치유하던 직원 한 사람, 한 사람의 모습이 떠오른다. 정말이지 그때 직원들이 나를 울지 않게 하고, 오늘의 성공을 가져다준 힘이 되었던 것이다.
눈물 흘릴 시간조차 없도록 만들어준 직원들의 힘, 그 직원들만 옆에 있어준다면 내 인생 세상 그 누구보다도 따뜻할 것 같은 생각이 든다.

오늘도 토요일이다. 글을 쓰는 순간에도 쇳소리는 계속 귓전에 울린다. 지금 시각 늦은 6시 30분. 직원들은 아직도 일을 마무리하려고 바쁜 손놀림을 하고 있나 보다. 그들과 함께 일하는 행복 다시 한 번 마음의 행복이 내게 밀려온다.
나는 세상 누구보다도 행복한 사람인 듯싶다. 다시 한 번 직원 한

명, 한 명에게 고맙다는 인사를 하고 싶다(직원들에 대한 고마움의 보답으로 올해부터 직원 자녀 학비 전액을 회사에서 지급키로 하였다).

예전에 시련이 있을 때 힘이 되어주던 직원들, 지금은 내가 그들의 가슴에 희망을 주고 시련이 있을 때 꼭 껴안아 주는 선장의 역할을 해야 한다. 그것이 그들에게 빚을 갚는 길이요, 열심히 일하는 직원들에 대한 최소한의 예의라 생각한다.

직원은 나의 '라이프 코치'인 듯싶다. 그들만 보면 힘이 나고, 그들만 바라보면 내가 더 부지런해지니 말이다.

성취(成取)하는 사람

취할 취(取). '무엇에 취한다'는 것.
술은 취하면 흥겨움은 있지만, 추함도 있더라.
사랑에 취하면 아름다움이 있지만, 이별의 아픔도 있더라.
성공에 취하면 시작은 힘들어도, 끝에는 성취의 기쁨만 있더라.

성취하는 사람은 상황에 잘 적응하고 성공 지향적인 생각만 하더라. 성취하는 사람들의 얼굴에는 자신감이 있고 매력이 있더라. 이들은 야망이 있고 유능하며, 에너지(Energy)가 넘치더라.
성취하는 사람들은 무슨 일이건 최상의 상태에서 자신을 잘 받아들이고, 반듯하며 다른 사람들을 고무시키는 역할 모델까지 하더라. 이들은 실패를 두려워하지 않고 오히려 그 실패를 찬스로 여기더라. 때로는 넘치는 자신감에 일의 중독에 빠져들거나 지나친 경쟁의식으로 조직의 건강을 해칠 때가 있다.

  일 중심의 사고(思考)로 인간미가 없는 것으로 착각을 불러일으킬 때가 있더라.

  가족의 행복을 집 안에 가둬놓고 가족과의 시간을 아까워하더라.

  성취를 위해 하루하루를 부단히 노력하는 나, 성취를 향해 달려가는 나도 때로는 성취 뒤에 뒤따라오는 그림자를 한 번씩 볼 때가 있다. 일중독(?), 인간미, 가족 행복….

  늘 부족할 때가 많다. 하지만 젊은 시절의 나는 가진 게 없었다. 네게는 아무것도 가진 게 없었다. 2대, 3대 가난을 내 아이들에게 물려줄 수 없고, 더욱이 나를 선택한 사랑하는 아내만은 정말이지 이 세상에 누구보다 행복하게 해주고 싶었다. 그때는 아버님이 일찍 작고하시는 바람에 어머니, 형, 누나, 동생 모두 어렵게 살 때였다. 나는 가족의 울타리가 되어주고 싶었다. 지긋지긋한 가난도 떨어버리고 싶었다. 성취가 필요했다. 열심히 나의 길을 갔다. 20여 년 숨 가쁘게 살

다 뒤를 돌아보니 가족도, 내 가정도 마냥 행복하다. 그래서 나는 아직도 아무것도 없었던 지난 시절의 나의 환경을 사랑한다. 그때 어려웠던 가족들, 지금은 모두가 잘산다. '성취의 보너스'인 모양이다. 마음도 기쁘고 행복하기 짝이 없다. 웃음도 많아졌다. 성취의 기쁨이 생각마저 여유와 자신감 있는 세포로 변화시킨 모양이다.

그동안 살아온 인생의 뒤안길을 생각해 본다. 사회 나와서 지금까지 가진 것 없고 오직 하나 내 등에 꿈만 멘 채 외롭게 질주했던 것 같다. 결승점을 향해 앞만 보고 달리는 마라토너처럼 한가롭게 주위를 둘러볼 여유가 없었다. 부지런히 뛴 다음 뒤를 돌아봐도 늦지 않을 듯싶었던 나의 마음이 지금은 고맙기만 하다.

이젠 주위를 둘러볼 여유도 생겼다. 짧은 인생 즐기면서 행복하게 살 수 있는 여력도 생겼다. 내가 살아온 나의 인생이 그저 감사하게 느껴질 뿐이다.

오늘은 아침부터 봄비가 추적추적 내린다.

오늘만큼은 빨리 집에 들어가 그동안 같이하지 못했던 아내 그리고 두 아이에게 맛있는 삼겹살을 구워주어야겠다.

환경이 열악하다고 슬퍼하지 마라

주어진 환경에 감사하는 마음을 가져라.

주어진 환경보다는 본인의 의지가 성패를 좌우한다.

환경은 어쩔 수 없는 운명이다. 주어진 운명을 비관하고, 환경에 굴복하는 자는 아무것도 이룰 수 없지만, 열악한 환경을 극복하려 애쓰고 노력하는 자가 사랑을 받는다.

'성공'이란 놈은 옥토에서만 자라는 게 아니라 애써 살고자 하는 의지의 땅에서 자라는 것이다. 같은 것을 이루더라도 고난 속에 핀 꽃이 향기를 더하듯 열악한 환경에서 이룬 성공에 사람의 시선은 머물게 되어 있다.

성공은 이처럼 열악한 환경을 극복하고 주어진 환경에 감사하며, 묵묵히 전진하는 자의 몫이다.

출근카드 찍는 사장

일요일 아침이다.

어제는 'The Open' 최경주 선수 선전하는 모습을 보느라 밤을 꼬박 새웠다. 늦잠에서 일어나 버릇처럼 핸드폰을 확인한다. 부재중 전화 6통이 들어와 있다. 모두 D社의 호출 전화다. 조업 자재를 공급하는 관계로 시도때도 없다. 하지만 호출하는데 불만은 없다. 얼마나 고마운 전화인가! 그 전화로 하여금 회사가 바쁘게 돌아가니 말이다.

장맛비가 내린다. 일요일이라 쉬고 있는 직원들에게 전화하기란 쉬운 일은 아니다. 하지만 전화하면 늘 기꺼이 응해주는 직원들이 고맙기만 하다. 몇몇 직원들에게 전화한 후 나 역시 회사로 향했다.

인천에 있는 이상 단 1분이라도 회사에 나가지 않은 날이 없는 나로서는 그 일이 없어도 회사에 갈 시간이다.

휴일인데도 직원 4명이 나와 있다.

출근카드를 찍었다. "찌~이~익!". 아마노(AMANO) 출퇴근 카드 기록기에서 흘러나오는 소리는 언제 들어도 나를 깨우는 마력이 있는 듯하다. 그 소리와 함께 시작하는 회사업무는 나를 행복하게 한다. 20여 년 그 소리를 들으며 살아왔건만 사장이 된 이후에도 전혀 지겨움이 없다.

나는 회사에 출근하여 카드 찍을 때가 가장 행복하다. 눈 뜨면 일터로 나와 일하는 즐거움 속에 내 인생이 행복해졌음을 느끼기 때문인 듯하다.

아직도 출근카드 찍는 사장은 회사를 위해, 직원들을 위해 할 일이 많은 듯하다. 애써 일하는 직원들이 고맙고, 사장은 언제나 그들의 행복을 위해 최선을 다해야 한다. 내가 출근카드 찍는 이유도, 내가 열심히 일하는 이유도 모두 나와 직원들의 꿈과 소망을 실현하기 위함이다. 그 소박한 꿈이 이루어지는 그날까지 나의 출근카드는 계속 찍힐 것이다.

"찌~이~익!" 소리와 함께 일을 시작하는 일상, 그 일속에서 꿈과 행복을 만들어 가는 조각가가 되어 내 인생 행복에 걸려 비틀거릴 때까지 다듬고 또 가다듬고 싶다. 일이 있어 행복하고, 꿈이 있어 행복한 세상. 너무 과분한 행복이 내 곁에 있음을 느껴본다.

열심히 일하며 굵은 땀방울을 훔치는 직원들의 모습이 떠오른다. 그들을 위해서라도 '더 열심히 일해야지…' 하고 되뇌는 이 시간, 창밖의 비는 더욱 세차게 내린다.

폼 나게 즐겨라

폼 나게 즐겨라.
일의 끝은 즐기는 것이다.
즐김의 끝은 일이다.
일과 즐기는 것은 서로를 물고 살아간다.
같은 일을 해도 생각의 차이가 일의 성과를 좌우한다.

'열심히 일하라. 그러면 반드시 성공한다. 열심히 공부하라. 그래야 성공한다'라는 말을 입이 닳도록 듣는다. 참 짜증나는 이야기다. 참으로 웃기는 이야기다. 일밖에 모르는 일벌레, 인생을 즐길 줄 모르는 '범생'만 수없이 양산하는 사회가 되어버렸다. 열심히 일만하는 일벌레, 그 결과 오늘날 획일적인 사고를 가진 수많은 관리자를 양산했다. 성적 지상주의, 열심히 공부에 매달린 공부벌레, 그 교육을 하청 받은 '범생'들이 오늘날 대한민국에서 득세를 하고 있다. 그러나 득세 했다고 이 시대의 '진정한 리더인가!' 하는 부분에 대해서는 의문이 간다. 일 열심히 하고, 공부 잘하는 것을 탓하거나 폄하하려는 것이 아니라, 즐기기 위해 오늘 그리고 내일도 땀을 흘리라는 이야기를 하고픈 것이다.

　남녀노소를 막론하고 즐기는 법을 가르치고 또한 배우는 사회가 되었으면 좋겠다. 즐기는 방법을 잊고 사는 사회가 되어버린 느낌이다. 여유도 없고 인생의 즐거움을 모르고 살아가는 것은 서로 맞물려 돌아가는 기계나 할 일이지, 사람이 할 일은 아닌 듯싶다. 즐기기 위해 오늘 그리고 내일도 땀을 흘리는 아름다운 세상이 되었으면 하는 나의 바람을 이야기하고픈 것이다.

　인생은 폼 나게, 유니크하게 즐기는 자가 똑똑한 놈이다. 폼 나게 즐길 줄 아는 사람이 리더가 되고, 성공하는 것을 많이 볼 수 있다. 그래서 먼저 인생을 폼 나게 즐기라고 고언(苦言)을 하는 것이다. 폼 나게 즐기기 위해 열심히 공부를 하고, 폼 나게 즐기기 위해 열정적으로 일을 해야 한다는 사고의 전환, 즉 혁신이 필요한 때인 것 같다.

　신나게 즐겨라.
　'그것은 자식된 도리로서, 부모 입장에선 그것이 곧 효도'라는 생각을 지울 수가 없다.

'No way out!'

'No way not.' 더 이상 피할 곳이 없다.
10년 전 나는 더 이상 피할 곳이 없었다.
열심히 일한 죄밖에 없는데….
뒈지게 발버둥거리며 살아보려는 생각밖에 없었는데….
IMF라는 단어조차 알지 못했는데….
그 엄청난 풍파가 내 발등에 떨어지리라곤 꿈에도 생각하지 못했다.
IMF는 내 집도, 공장도 그리고 고생해 왔던 내 노력의 흔적마저 송두리째 훑고 지나갔다.
전쟁으로 폐허가 된 벌판에 앉아 잃어버린 아들을 생각하며 슬피 우는 모정이 떠오를 뿐이다. 막상 생각하지도 않은 시련, 그 시련이 내 앞에 우뚝 서 있다. 남들은 죽는다고 아우성이고, 외국으로 피신하느라고 야단법석이었다. 운다고 해결되는 것은 아니다. 운명을 탓하기

엔 아직 나는 너무 젊다.

나에게 닥친 불행을 탓하고 싶지 않았다. 내가 운 좋게 피했다 해도 어느 누군가는 그 고통의 십자가를 맺을 것이다. 그나마 다행인 것은 IMF의 위력에도 끄떡하지 않은 내 의지가 살아 있었다는 사실이 나를 위로해 줄 뿐이었다.

No way out? 나는 더 이상 피할 곳이 없었다. 피할 곳이라고는 오직 한 곳. 나는 내 일터로 몸을 피했다. 일터는 언제나 편했고, 행복했기에 그곳으로 찾아가 내 몸을 깊숙이 숨겼다.

그로부터 만 10년. 아직도 숨었던 그 일터에서 빠져나오지 않고 나는 일하고 또 일하며 행복하게 살고 있다

지금 가만히 생각해 본다. 그때 나는 어데론가 숨어야 될 입장. 그럼 어디로 숨어야 할까? 그 짧은 선택의 시간이 오늘의 나를 만들어 준

계기가 된 것이다.

　10년을 일과 함께 외롭지 않게 살아왔던 나. 지금 생각해보면 '금은보화보다 더 값진 보물은 바로 일(work)이구나' 하는 생각뿐이다. 일이 나에게 준 커다란 행복….

　세상에서 가장 값어치 있는 일을 품에 안은 나. 오늘도 나는 나를 일으켜준 그 일터에서 내 인생의 '화려한 2막'을 꿈꾸고 있다. 금은보화보다 더 값어치 있는 일에 푹 갇혀 있는 내 인생, 세상 그 어느 누가 나보다 더 행복하단 말이냐!

내 마음은 누구를 닮아가나

어부의 마음은 어느새 드넓은 바다를 닮아간다고 합니다.

'철쟁이'인 내 마음은 펄펄 끓는 용광로를 닮아 가는지 언제나 열정 그 자체로 살아가는 것 같습니다.

용광로에 불이 꺼지면 쇳물이 굳듯 내 마음에도 꿈이 없으면 열정도 굳어 버리겠죠. 24시간 쇳물을 부어내듯 꿈을 향한 나의 열정이 식지 않기 위해 오늘도 일을 한답니다.

토요일 아침을 열며….

나는 언제나 '을(乙)'이었다

<중앙일보>에서 좋은 기사를 접했다.

'week & Cover Story.'

"당신은 '갑'입니까? '을'입니까?" 설문조사에서 갑은 20%, 을은 45%가 나왔다는 조사결과가 나왔다고 한다. 조사 대상도 조사 결과에서 나온 %도 나에겐 중요하지 않다. 하지만 공감할 수 있는 부분은 '갑'들의 세상에서 살아남는 법, 이름하여 '乙(을)'의 생활백서이다.

'을'의 생활은 이렇다. 을은 바쁘다. 무조건 잘 보여야 한다. 갑의 요구에 시달려야 한다. 똑똑 낙엽 떨어지는 요즘 '을'이라 더 서럽다는 기사를 접했다.

씁쓸한 뒷맛을 느낀다.

나는 처음 사회에 발을 딛을 땐 '을(乙)'이었다.

지금은 중소기업을 경영하면서 예전 직장생활을 했던 '을의 삶'이 많은 도움을 주고 있다는 사실을 실감한다. 어쩔 수 없어서 선택해야만 했던 '을'의 직장생활, 때로는 힘들고, 때로는 어려웠던 그 시절의 아픔이 지금은 불황을 이겨내고 당차게 살아가는 '보약'이 될 줄이야….

그때 인내하는 법을 배웠고, '더 열심히 살아야겠구나' 하는 마음을 채근할 수 있었던 것 같다. 그때의 '갑'이었던 소중한 분들, 그들 모두는 현재의 나를 많이 부러워한다.

언제나 '을'이었던 나는 당당하게 성장하여 '갑'의 부러움을 사고 있는 것이다. 나는 아직도 그들에게 감사함을 잊지 않는다. 그들이 더 혹독하게 할수록 내 키는 커져만 갔기 때문이다. 지금도 그들은 더 큰 기대를 하고 있는지 모른다. 그래서 더 긴장의 고삐를 늦출 수가 없다. 그들과 함께 경쟁적으로 발전하여 Win-Win해야 하는 소명이 나에겐 마음 한가운데 자리하고 있다.

'을(乙)'의 축복

인간은 누구나 화려한 '갑(甲)'의 삶을 꿈꾼다.

하지만 우리 주변에 비즈니스를 하는 사람들을 보면 대부분은 '을(乙)'이다.

내게 갑인 사람도 누군가에게는 을이 될 수 있는 세상에서 가능한 을의 마음으로 살아갈 수만 있다면 그것은 축복일 게다.

지금까지 나는 내 자신이 을로서 살면서 깨달은 노하우와 발로 뛰면서 일궈낸 수많은 을의 축복 사례를 때가 되면 후학들에게 전해주고 싶다.

《을의 생존법》이란 책을 보면 이런 말이 나온다.

을로서 세상을 살아가기 위해 "홍어처럼 삭고, 몽돌처럼 굴러라"라고 말한다.

세상의 기호에 맞춰 자신을 부합시키기 위해 노력해야 한다는 것이다. 사고가 깨인 을들은, 자신을 낮추고 자존심을 버리는 일은 굴

욕이 아니라 전략이라고 강조한다.

옳은 이야기다. 하지만 많은 부분 공감하면서도 나는 일하는데, 성공하는데, 꿈을 이루는데 무엇이 갑과 을인지 되묻고 싶다.

"단지 비즈니스의 행위 자체만 갑과 을로 나뉘는 것이지 그 이상의 조건이 있느냐고…."

비즈니스엔 갑과 을이 없다. 업무만 하청이요, 협력업체지 그 이상도, 이하도 아닌 것이다.

오히려 을로서 대우받고 그만한 돈을 벌 수 있으니 얼마나 좋은가! 대우받고 돈도 벌고, 결국은 꿈을 성취하고, 이 모든 게 축복이 아니고 무엇이겠는가!

그런 축복받는 을의 삶이 내 안에 자리 잡고 꽃을 피우고 있다.

나는 후배들에게 을의 삶을 견지하라고 권하고 싶다. 을은 갑에게 제품 또는 가치 서비스를 할 수 있는 권리(?)가 있어서 좋다.

을은 갑으로부터 받은 목적물 외에 줄 수 있는 정(情)이 있어서 좋다. 그들로 하여금 감사함을 배우고, 배려를 배우게 된다.

제품에 마음을 담아 갑의 요구를 충족시키다보면 어느덧 꿈이 가까이 와 닿는다. 그래서 갑(甲), 그들이 늘 고마운 마음으로 내 마음의 한 부분을 차지하고 있다.

오늘 하루도 희망의 발걸음으로 하루를 시작하게 되는 것도, 하루 일과를 마치고 보람으로 소주 한잔 걸치는 것도 다 그들 덕분이다.

내가 열심히 살아온 것도, 내 꿈을 이루며 살아온 것도 갑이 있었기에 가능했고, 그들이 나를 찾아주는 마음에 힘들지 않게 살아왔다고 자부한다. 그것 자체가 축복이란 걸 뒤늦게 알게 되었다.
 나의 경험에서 배어 나온 나의 삶, '을(乙)의 삶'은 곧 '축복'이었다. 폼 잡지 않고, 거들먹거리지 않고 살아온 내 인생이 자랑스럽게 여겨진다.

성·공·의·끈
"돈은 내 것이지만, 시간은 내 것이 아니다." - 태기 생각 -

대나무의 교훈

 나 어릴 적 앞마당엔 온통 대나무 밭이었다. 대나무는 우리들의 놀이터이자 꿈과 희망을 안겨준 고마움으로 남아 있다. 그 대나무밭 앞에서 자란 어린 시절이 행복했다는 생각을 지울 수가 없다. 죽순을 뽑아먹고 대나무를 잘라 칼도 만들고, 스키도 만들고…. 어릴 적 개구쟁이 소품으로 대나무 이상 좋은 게 없었다.

 지금껏 살아오면서 내 인생 구석구석에 어려움도 있었지만, 그때마다 강직하게, 꼿꼿하게 살도록 마음의 힘을 불어넣어 준 것도 아마 대나무와 함께한 어린 시절이 있었기 때문인 듯싶다.

 오늘은 출근하면서부터 '인생은 끊어가야, 다지고 가야 탈이 없다'는 생각이 났다. 성장하면서 하나의 마디를 끊어가야지 그렇지 못하면 성장통을 앓게 된다. 한 단계, 한 단계 오르면서 삶의 목표를 재설정하고, 가는 길을 재점검해 볼 필요가 있다. 무작정 오르다 보면 통째로 약해져 외풍(外風)을 견디기 어렵기 때문이다. 사랑도, 인생도 길게 보고 가야 할 인생길이기에 더더욱 그렇다.

　그러나 요즈음 세상 돌아가는 걸 보면 다들 너무 급하다는 생각을 지울 수가 없다. 너무 성급하게 욕심 부리다 보면 리스크가 따르는 법이다. 화(禍)가 따르는 법이다. 마치 봄을 기다리지 못하고 일찍 꽃망울을 터뜨려 꽃샘추위에 말라죽는 우(憂)를 범하는 꽃망울이 되어서는 안 된다. 피어보지도 못하고 죽는다는 것은 백 번을 이야기해도 서글픈 일이기 때문이다.

　강하게 부딪히려면 마디를 다져야 한다. 마디마디에 피와 땀이 스며들어야 강해지는 법이다.

　개인도, 기업도 너무 급하게 성과를 중시하다 보면 또 다른 시행착오를 겪게 되어 있다. 그런 점에서 볼 때 일본 '혼다제국'을 건설한 혼

다 소이치로 회장의 말은 그래서 시사하는 바가 크다.

"속이 빈 대나무가 높이 자랄 수 있는 것은 마디가 있기 때문이다. 때때로 돌이켜보며 미래를 생각해야 한다."

돈 없고, 백 없는 사람들일수록 더 알뜰하게 기본을 다지고 가야 한다.

눈물겨운 노력으로 내 인생을 가꾸어 나가는 아름다운 사람들….

나는 그들에게 '희망'을 선물하고 싶다. '힘을 내자. 용기를 내자. 어느 한날 한시도 꿈을 놓지 말자.' 비록 힘들어도 우리가 열심히 살아야 할 이유는 우리에게는 가야 할 꿈이 있고, 누가 뭐래도 우리는 우리가 흘리는 땀 속에 분명 희망이 살아 숨 쉬고 있다는 사실이다.

나는 앞장서 그 희망의 전도사가 되고 싶다. 그것이 나의 사명인가! 오늘따라 유난히 '마디를 다지며 살아가야 한다'는 교훈이 내 마음에 천둥소리보다 더 크게, 더 우렁차게 들린다.

난 '로또(Lotto)' 맞은 사람

좀 늦게 가자.

좀 천천히 가자.

한걸음에 내달려 원하는 것을 이루고 싶겠지만 원한다고 모든 게 빨리 이루어지는 것은 아니다. 거목(巨木)은 백년, 천년 더디게 자라지만 마디마디 굳건함과 풍성함이 따를 것이 없는 것처럼 세월을 두고 세월의 무게가 더해져야 인생이 제 맛이 나는 법이다. 하루아침에 로또 대박을 꿈꾸는 사람들처럼 어리석고 우매한 사람들도 없다. 비록 10년 걸리고, 20년 걸려도 꾸준히 자기 길을 가는 사람은 로또를 원하지 않는다.

나는 로또 맞은 사람이다. 추첨에 의한 로또가 아닌 나의 노력으로 성취한 로또라는 얘기다. 좀 늦더라도 하루아침에 벼락부자 되는 로또를 원하기보다 오랜 세월 나의 이룸으로 빛나는 로또가 당첨되기를 빌어본다.

*　*　*

좀 늦게 가는 것이 창피한 일은 아닙니다.
사막의 낙타는 천천히 가기에 무사히 목적지에 닿을 수 있지 않습니까.
무엇이든 과정이 있는 법이고, 그 과정을 묵묵히 견뎌낸 사람만이 결국에는 값진 열매를 얻을 수 있습니다.

― 이정하의 《돌아가고 싶은 날들의 풍경》 중에서

"내 앞에 길이 없다. 그래서 가야 한다"

"내 앞에 길이 없다. 그래서 가야 한다."
"지금 내 앞에도 길이 없다. 그러기 때문에 내가 걸어가는 게 곧 길이 될 수도 있다. 물은 길이 없다고 멈추지 않는다. 물은 스스로 길을 만들고 또한 스스로 길이 된다." - 노회찬 전의원 -

사람은 살다보면 이런 저런 우여곡절이 있게 되어 있다. 아무리 유능하고, 똑똑하다 해도 주위 환경이 도와주지 않으면 뜻을 이루기 어렵다.

길을 가다보면 누구나 한평생 평탄한 길만 갈 수는 없는 법이다. 길을 가다보면 굽은 길도 나오고, 포장 안 된 길도 나오고, 가시밭길도 나오게 되어 있다. 그 험난한 길을 헤쳐 가는 게 인생이다.

인생의 승부는 평탄한 길에서 승부가 결정되어지지 않는다. 굽은 길, 비포장 길, 가시밭길에서 승부가 결정난다는 사실에 주목해야 한다.

내 앞을 막는 장애물로 인하여 내 앞에 길이 없어졌다고 한들 실망하지 마라. 그 역경을 스스로 풀고자 노력한다면 오히려 큰 기회가 내 앞에 주어진다.

나는 희망이 있는 곳에서 숨을 쉬고, 열심히 일을 하고 또한 꿈이 있는 그곳에서 잠을 자고 싶다. 비록 시련은 있을지라도 스스로 길을 만들어 그 길을 열심히 달려가야 한다. 지금은 내 앞에 길이 없다고 좌절할 때가 아니라 내 성공의 물줄기가 멈추지 않도록 고랑을 파는 연습이 필요한 때이다.

Fearless!
인생에 두려움을 갖지 말아 주십시오.

'땅을 밟고 하는 사랑은 언제나 흙이 묻었다'

서양화가 황주리 씨는 《땅을 밟고 하는 사랑은 언제나 흙이 묻었다》는 산문집을 냈다.

어찌 보면 당연한 얘기일진데, 눈 내리는 날 신문 대목에 눈이 꽂히는 걸 보면 의미 있는 말인 것 같다.

여러 가지 사랑이 있겠지만 땅을 밟고 하는 사랑만큼 포근한 것은 없을 듯싶다. 흔적이 남는 그런 사랑을 해보고 싶다. 땅을 밟고 흙을 잔뜩 묻히는 사랑, 아니 흙속에 풍덩 빠지는 그런 사랑일지라도 좋다. 사랑하고 훌쩍 사라져버리는 그런 사랑이 아닌, 사랑의 징표가 군데군데 남는 사랑이라면 그런 사랑을 해보고 싶다. 그것도 마음껏 말이다.

사랑이 그렇듯, 삶은 어디 그뿐이겠는가! 거친 삶을 살다보면 영광의 상처는 훈장처럼 따라붙게 되어 있는 게 세상사다. 흙이 묻는 걸 두려워하면 땅을 밟고 사랑할 수 없듯, 영광의 상처를 두려워한다면 세상엔 이룰 게 하나도 없다는 생각이 든다.

영광의 상처는 도전하는 자에게만 주어지는 훈장이다. 싸우지 않고 가만히 있으면서 훈장을 받을 수는 없다. 설령 받았다 해도 그 훈장의 의미는 없다. 누구나 값진 훈장을 목에 걸어야 한다. 자랑스러운 훈장을 목에 걸어야 한다. 치열한 생존경쟁에서 승리하기 원하는 자는 준비부터 다른 법인 것이다. 부단한 연습과 훈련 그리고 노력…. 그것만이 승리할 수 있는 무기이기 때문이다.

내 몸에 흙이 묻는다 할지라도 사랑을 위해 기꺼이 애인을 품에 끌어들여 열렬히 사랑하는 것처럼 내 안에 상처를 두려워 말고 꿈을 향해 도전하는 남자의 모습은 분명 매력덩어리일 것이다. 비록 상처는 있지만 매력으로 똘똘 뭉친 남자는 여자의 사랑을 듬뿍 받을 것이다. 그런 남자의 모습을 기대해 본다.

'사람의 사랑도, 삶도 완전한 것은 이 땅에 없느니 그저 너그럽게 한 생을 보내라.' - 황주리 -

밀가루 없이는 빵을 만들 수 없다

누구든 맛있는 빵을 만들려고 한다.

부풀려진 맛있는 빵을 먹으며 배를 채우고, 행복을 누리려 한다.

달콤한 맛과 거기에서 오는 포만감, 세상에 부러울 게 없다. 그것이 빵이지만, 그 빵은 누군가의 손에서 만들어져야 한다.

내 손으로 빵을 만들자. 밀가루 반죽에서 오븐에 굽는 과정까지 내 손으로 하자. 주위의 도움을 받지 말자. 내가 만들어 주위에 나누어 주는 줄지언정 도움을 받아 빵을 굽는 사람은 되지 말자. 그럴 능력 없으면 배고픈 배를 부여잡고라도 밀을 심자. 밀이 자라서 밀가루가 되기까지 과정은 길지만, 한편 돌이켜보면 잠깐이다.

짧은 인고(忍苦)의 세월만 참으면 너의 세상이 오련만, 요즘 사람들은 무지 조급한 것 같다.

'3년 불명불비(三年不鳴不飛)' 하는 마음이 너무 퇴색되어 있는 세태가 아닌가 싶다.

하지만 나는 빵에 너무 집착하지 않는다. 오히려 차분한 마음으로 묵묵히 오븐을 준비하고, 밀가루를 준비하는 마음으로 하루하루를 보낸다. 맛있는 빵, 서로 나누어 먹을 수 있는 빵을 만들 수 있다는 설렘만이 가득하다.

언젠가 때가 되면 내가 원하는 빵을 구을 수 있다는 희망의 끈만 부여잡고 있다. 맛있는 빵을 만들고 또 먹기 위해서 오늘도 배우며, 묵묵히 일을 한다.

빵을 만들 수 있는 준비 속에서 행복을 찾는 지혜가 필요한 것 같다.

'빠꾸', 소나기 그리고 풀무

영화배우 최민수는 이런 말을 남겼다.

"내 인생에 '빠꾸'는 없다. 바이크에는 후진 기어가 없다."

"내리는 소나기는 피하지 않고 맞겠다. 오래 맞지 않으니 참을 수 있다."

"태어나서 첫 눈을 마흔다섯 번 봤다."

최민수 씨의 말들 중 3가지의 말이 마음에 와 닿는다.

"내 인생에 빠꾸는 없다."

살다보면 상황이 어쩔 수 없어서 돌아가야 할 경우가 생길 때가 있다. 골프에서 장애물이 걸리면 레이업하고, 축구에서 마땅한 공격 루투가 없을 땐 백패스 하듯 말이다. 그렇지만 중요한 것은 비록 되돌아가는 일이 있어도 빠꾸하지 않겠다는 정신은 높이 사야 할 듯싶다.

때문에 이 말은 오늘을 살아가는 젊은이들에게는 시사하는 바가 크다고 생각한다. 비록 실패할 때 실패하더라도 빠꾸하지는 않겠다는 오기가 필요한 세상이다. 실패하면 어떠랴? 실패를 통해서 새로운 깨달음을 얻는 것은 축복이다.

'성공이란?' 몇 번의 실패를 거울삼아 성공하는 법이지 단 한 번의 도전으로 성공이 이루어지는 것은 요행이요, 행운이다. 비록 성공을 하더라도 감동이 없다. 깊이가 없다. 맛이 밋밋하다.

보다 강력한 임팩트를 맛보려면 어려운 역경에서 꽃을 피워야 향기가 오래가는 법이다. 감동이 있고, 깊이가 있고, 맛이 우러나오는 성공은 바로 내 인생 빠꾸하지 않겠다는 정신에서 나온다.

소나기가 내리면 처음엔 비를 맞지 않으려고 요리저리 피한다. 조금 더 내리면 비를 피하기 위해 빠르게 뛴다. 그러다 더 세차게 내리면 오히려 비를 피하지 않고 흠뻑 맞는다. 속옷까지 젖다보면 기분이 좋다. 오히려 행복하다. 이것이 인간의 마음이다. 하지만 더 맞으려

해도 소나기는 오래 내리지 않는다는 사실이다. 살다보면 실패를 할 수는 있어도, 처참하리만큼 실패의 비를 맞고자 해도, 비는 곧 멈춘다는 사실이다. 그래서 뜻을 버리지 않고 열심히 자기의 길을 가야 한다는 이야기다.

아무리 힘들어도 웃는 여유는 잊지 말아야 한다. 돈을 잃고, 명예를 잃고, 모든 것을 다 잃어도 웃음은 잃지 말아야 한다. 웃음은 희망이기에 웃음까지 잃어버리면 희망이 없이 시들어버리는 식물과 같은 것이다.

"태어나서 첫눈을 마흔다섯 번 봤다"는 이야기는 45세 나이를 암시하지만 나이 이전에 내년에 또 다시 첫눈을 본다는 이야기다. 그것이 '희망'이다. 사람이 나이를 먹듯 사람에게 어느 누구든 '희망'이 있는 법이다. 그 희망의 불씨를 살려내는 것은 각자의 몫이다. 각자 주어진 희망의 불씨를 살려내려는 노력이 불황을 타개하는 힘이 된다. 불황, 불황 백 번을 탓하기보다는 성공의 가마솥에 희망의 불씨를 불어넣는 풀무가 되어야 세상이 밝아진다.

풀무질하는 손놀림이 부지런할수록 '성공의 밥'은 쫀득쫀득하게 익어갈 테니 말이다.

Three Go…Up다

"쓰리고 아프다." = "Three Go Up다."

살다보면 쓰리고 아플 때가 있다. 인생의 희로애락은 우리들 곁에 언제나 존재한다. 우리는 이들과 싸우며 그 속에서 승자로 남기 위한 치열한 생존을 위한 경쟁을 하고 있다.

결국 생존의 경쟁은 희로애락을 어떻게 다스리느냐가 성패를 좌우한다 할 수 있겠다.

어찌 보면 조물주의 심술(?)이 아닐까 넋두리를 해본다. 살다가 쓰리고 아플 때 내 신세타령을 하지 마라. 오히려 '내가 풀어야 할 숙제가 하나 생겼다'고 생각하고 당당하게 맞서라.

인생은 역경을 풀어가는 하나의 게임이다. 차근차근 풀어가다 보면 지난 시절은 오히려 축복이 될 수 있다.

쓰리고 아플 때….

내 마음이 쓰릴 때, 마치 고스톱 판에서 '쓰리고' 외치듯 자신 있고 당당하게 맞서라. 내 마음이 아플 때, 모든 것을 내 부족함과 내 탓으로 돌리고 내 마음을 차분히 추슬러 업(Up)시켜라. 세상 살다보면 아무도 나의 쓰리고 아픈 마음을 알아주는 이 없다. 설사 도와준다 해도 일회성에 불과할 뿐, 그것은 내게 도움이 되지 않는다. 살면서 모든 어려움은 혼자 헤치며 앞으로 나아갈 때 자신이 발전하는 법이다.

나는 바다를 향해 흘러가는 도도한 물줄기처럼 거침없이 살아왔다. 때론 거대한 바위가 내 앞을 가로 막을 때도 있었고, 도저히 흐르지 못할 막막함도 있었다. 바위가 앞을 가로막을 때는 바위에 부딪혀 깨지는 한이 있어도 스스로 부딪혀 왔고, 나의 물길이 약해서 도무지 흘러가지 못할 때는 잠시 기다려 빗물의 도움을 받아서라도 '꿈의 바다'로 흘러가는 나의 발걸음을 포기하지 않았다. 그렇듯 나의 인생은 내 인생에 역경이 있을 때마다 한 단계, 한 단계 업그레이드하며 살아왔다.

지금은 오히려 그날의 역경이 고맙게 느껴질 때가 있다. 솔직한 심정이다.

내가 아는 인생이란?

"행복 속에도 아픔과 고통이 있고, 불행 속에도 웃음과 행복이 있다는 사실이다."

이는 지난날의 역경을 통해 배운 나의 이야기요, 가슴속에 진하게 묻은 신념(信念)이다. 역경을 통해 배운 나의 이야기와 나의 신념을 요즘 살아가는 젊은이들과 공유하고 싶을 뿐이다. 꿈을 향해 나아가는 사람이야말로 진정한 멋쟁이요, 아름다운 사람이기 때문이다.

하늘의 태양은 예쁜 사람에게만 유독 많은 빛(따스함)을 주는 게 아니다. 모두에게 같은 분량의 빛을 공평하게 나눠주듯 성공 역시 성공을 위해 부단히 노력하는 모든 이들에게 골고루 돌아가는 결과물이란 사실을 지난 세월을 통해 배웠다.

비바람에 천둥치는 것과 쓰리고 아픈 현실은 고통을 주기 위해서가 아니라 우리에게 꿈을 이루어 주기 위한 과정이요, 더 큰 행복을 주기 위한 고통임을 스스로 위안하라. 쓰리고 아픈 현실을 원망보다는 감사함으로 대하는 멋쟁이들이 많았으면 하는 바람을 가져본다.

성공의 계단(Stairway of Success)

성공의 계단은 직선이든, 원형이든, 스파이럴(Spiral)이든 나에겐 중요하지 않다. 내게 있어 중요한 건 내가 오를 계단이 있고, 내가 그 계단을 한 발, 두 발 오를 수 있는 의지(意志)와 열정(熱情)이 있다는 사실이다.

나는 나의 의지와 열정 앞에서는 그저 순둥이가 되고 만다. 때론 가랑이가 찢어져라 투정도 부려댄다.

Step by Step!
한 걸음, 한 걸음 성공을

향해 내딛는 발걸음 속에 오늘 하루도 간다.

  내일 새 하루에 가슴이 설렌다. 내가 잠에서 깨어나 벌떡 일어나는 이유도, 내가 설레는 이유도 모두 내가 지향하고 걸어갈 분명한 나의 목표(目標)가 있기 때문이다.

신(神)은 인간에게 고장난 나침반을 주지 않았다

 균형감각, 확고한 방향 설정, 끈질긴 도전만이 원하는 목표를 이룰 수 있게 만든다.

 예전에 회사 다닐 때만 해도 무작정 일을 우선시하던 추억이 있다. Only First는 회사였고, 일이었다. 20여 년 세월이 흐른 요즈음에는 세태의 변화가 많은 것 같다.

 오늘날 기성세대의 의식은 예전과 달리 개인의 생활을 중시하는 방향으로 변화하고 있다. 이른바 '일과 생활의 균형'을 추구하는 움직임이 본격화되고 있다고 보아야 할 것이다.

 사회인으로서 인정받고 일중독에 빠지지 않으며, 가족과 개인의 생활을 중시하며, 삶의 질을 높여가는 행태가 한편으로는 부럽기마저 하다.

 '일과 인생의 균형감각'을 갖추고 살아가는 그들의 프레임에 박수를 보낸다.

 그럼 어떻게 '일과 생활의 균형(Work Life Balance)'을 유지하며 행복한 인생을 추구할 수 있을까? 살다보면 수없이 부딪히는 선택의 연속, 그 속에서 균형을 잡아야 한다. 일과 휴식의 균형, 개인과 사회와의 균형, 회사와 집의 균형, 괴로움과 즐거움의 균형, 나이와 체력의 균형, 일과 취미의 균형… 등등.

 진정한 인간으로 살아가면서 추구해야 할 것들이 무엇인지 곰곰이 되새겨보면 결국에는 일과 생활의 조화를 이루어 행복하게 사는 것이 아닐까? 치우치지 않은 균형 감각이 필요한 세상에서 네 인생의 방향을 잡아야 하며, 인생의 방향을 알았으면 그 길을 똑바로 걸어가는 것은 각자의 몫이기 때문이다.

 무엇이 두려운가? 균형 잡고 방향 설정했으면 날아야 한다. 신이 인간에게 발을 주었다는 것은 쉼 없이 걸으란 명령을 주신 것이요, 신이 인간에게 꿈의 날개를 주신 것은 두려워말고 높이 날라는 명령을 주신 것이다.

 넘어지면 어떠랴. 추락하면 어떠랴…. '두려워 말라. 내가 너를 도우리라'는 말씀처럼 걷지 않고 날지 않는 사람에게 명령을 거둘 수 있지만, 다시 도전하는 자에게는 도울 것임을 믿고 원하는 목표를 향해 묵묵히 걸음을 내딛는 게 인생이다.

 축복받은 인생, 그분의 명령을 묵묵히 따르는 게 인간의 도리이려니….

앞으로 살 날 중에서 지금이 가장 어리다

앞으로 살 날 중에서 지금이 가장 어리다.

요즈음 들어 나이 먹는 소리가 들린다. 그것도 조금 세게 들린다. 나이를 먹으면 청력이 떨어지는데 왜 그리 크게 들리는 이유를 모르겠다.

항상 젊음과 열정을 갖고 살던 버릇이 있었는데, 그 좋은 버릇이 요즈음에는 조금씩 사그라지는 모양이다. 항상 경쟁하는 것을 즐기며, 새로움을 향한 도전의식 속에서 살아왔는데, 그 정열도 자못 사그라지는 느낌이 든다.

더위를 먹었나?

기력이 떨어졌나?

언제 어느 때나 그저 포지티브 에너지를 가지고 액티브하게 살아왔는데….

재충전을 해야 될 듯싶다. 누가 뭐래도 내가 사는 인생에서 가장 어린시기가 바로 지금이요, 또한 내가 살아가는 동안 열정을 불태우며 나를 사랑할 때도 지금이다. 숫자에 불과한 나이를 잊고 행동으로 보여줄 아름다운 시기도 지금일 테니 말이다.

지금을 놓치지 말자. 내 인생에 가장 어리고 소중한 시기를 헛되게 보내지 말자. 언제나 그런 적극적인 삶(positive living)이 내 인생이었으니까….

웃자, 짜증나도 웃자

좋아서 웃는 게 아니라 좋아지기 위해서….

옛말에 '팔자대로 산다'는 말이 있다. 항상 어두운 사람은 어둡게 살고, 밝은 사람은 항상 웃고 산다. 웃고 사는 사람들, 그 사람들이라고 해서 걱정이 없고 근심이 없는 것이 아니다. 그들에게도 웃지 못할 많은 아픔이 있다. 다만 참고 견디는 것뿐이다. '좋아서 웃는다기보다, 좋아지기 위해서 웃는다'는 표현이 어울릴 게다.

나는 살면서 '도미노 현상'을 자주 목격하게 된다. 하나가 넘어지면 끝없이 따라 넘어지는 도미노 현상. 짜증도, 웃음도 예외는 아닌 듯싶다. 한 번 짜증으로 폭발하면 연거푸 짜증스런 일이 발생하고, 한 번 웃다보면 안될 일도 쉽게 풀린다.

우리 사무실에 들어올 때면 문짝에 커다란 글귀가 있다.

'잠깐! 이곳에 들어오시는 분은 웃고 들어오십시오.'

처음 방문하면서도 자못 엉뚱한 글귀에 갸우뚱하고 들어온다. 금세 분위기를 감지하는 듯하다.

내가 늘 중요시하는 대목이 있다. 그것은 신성한 일터에서는 웃음소리가 있어야 한다는 것이다. 이 좋은 곳에서 웃음소리가 나야지, 짜증내는 소리가 나면 아니 된다. 업무를 보면서도 웃고, 고객을 대할 때도 웃고….

내가 회사를 경영하는 한 우리 일터에서만은 모든 짜증 벗어던지고 웃음의 전진기지가 되어 모든 분들에게 FUN한 웃음을 주고 싶은 생각뿐이다.

세상만사 쉬운 일 어디 있겠는가! 어디 따지고 보면 짜증나는 일 한 두 번이겠는가! 하지만 어려운 일도, 짜증난 일도 다 풀라고 있는 법. 웃으며 긍정의 에너지로 짜증을 대하면 모든 게 긍정적으로 풀리게 되어 있다.

웃음 → 긍정의 에너지 → 짜증과의 반응
→ New Energy 전환 → 웃음

일상에 반복되는 웃음의 사이클(Cycle)을 찾아 잃어버린 웃음을 되찾는 것이 바로 성공의 ABC라는 사실을 알아야 하겠다.

ㅎㅎㅎ 크게 웃으며 시작하는 하루, 오늘도 웃을 일이 많을 것 같다.

인생의 내비게이터 역할을 하는 멘토

인생의 내비게이터 역할을 하는 멘토가 있으신가요?
아직 못 만나셨다면 한 번 찾아보는 것이 어떨까요?

소주 한잔하며 후배에게 한 말이 생각난다.
"지금은 내가 너의 멘토가 되고 너를 가르칠 것이다. 하지만 네가 내 나이가 되면 그땐 네가 나의 멘토가 되어다오. 나는 지금 너에게 부끄럽지 않은 멘토가 되기 위해 부단히 노력할 것이다. 나중에는 네가 나에게 더 정확하고 빠른 내비게이터 역할을 할 수 있도록 오늘을 열심히 살아다오. 지금 너의 키(Vision)를 키워다오. 나의 멘토로 네가 성장할 수 있고, 나중엔 너의 멘토로 내 노년이 행복할 수 있다면 행복하겠다."

이 시대의 리더로 같이 꿈을 키우며 열심히 살자. 각자의 길을 똑바로 열심히 걸을 때 우리 만남은 빛날 것이요, 둘이 뿜어내는 에너지는 사회의 힘(Power)이 될 것이다.

그 말에 책임을 지고 싶다.

성공에도 공식(公式)이 있다

성공에도 공식(公式)이 있다. 그러나 사람들은 성공의 공식을 알지 못해 어려움을 겪고 있다. 수학에서만 원리적 계산이나 법칙이 있는 게 아니다.

우리가 마치 수학에서 원하는 정답을 얻기 위해 문자와 기호로 나열된 계산의 공식이나 법칙을 활용하여 답을 구하듯, 성공 역시 성공의 공식이 있고 공식에 합당한 습관이나 성공요소를 만들어 나갈 때 비로소 자신이 원하는 성공을 이끌어 낼 수 있다는 것이다.

$$성공의 공식 = \frac{D + L + W + A + R}{n\ (1,000)} \times 100 이다.$$

'D'= Dream 꿈의 끈, 'L'= Learning 배움의 끈, 'W' Working 일의 끈, 'A'= Action 행동의 끈, 'R'= Relationship 인연의 끈, 'n'= 노력 일수.

결과적으로 성공은 '성공의 5가지 끈' 에 의해서 이루어 진다.

즉, 성공은 '성공의 5가지 끈' 에 대한 노력의 결과물을 'n(노력일수)' 으로 나누고 거기에 100을 곱해 주면 성공의 퍼센트 즉, 자신의 성공의 량(量)이 나온다는 뜻이다. 여기에서 상수 'n (1,000)' 은 사람이 무슨 일을 하든지 원하는 결과를 얻으려면 반드시 1,000일의 노력이 쌓여야 한다는 뜻이다.

세상을 살아오면서 가장 행복한 미소를 지을 수 있었던 것도 5가지 끈이요, 재기의 원동력이 된 힘(Power)의 원천도 모두 '성공의 5가지 끈' 의 결과라고 생각한다. 어려운 와중에도 '5가지 끈' 을 놓지 않고 꼭 쥐고 달려왔기 때문에 재기도, 성공도 가능했노라고 자신있게 말할 수 있다. 성공을 너무 성급하게 이루려고 하지 마라. 뜸이 들어야 밥이 맛있듯 성공 역시 뜸이 들어야 제맛이 나기 때문이다.

어려웠던 시절 암울했지만 그래도 끝까지 '성공의 5가지 끈' 을 놓지 않고 살아 온 자신이 있었기에 오늘이 있음을 늘 감사하게 생각한다. 어찌 보면 그것이 하늘이 나에게 준 선물인 듯싶다.

Fearless, 두려움이 없는 세상

"이 세상 가장 바보는 좋은 일 하면서 두려움을 갖는 놈이다. 두려움을 가질 때는 도적질할 때와 사기 칠 때뿐이다." - 고환택 -

이 말이 문득 머리에 스치고 지나간다.
 가만히 생각해보면 두려움이란 도전을 방해하는 암(癌)적인 존재다. 사기치고 도적질할 사람이 아니라면 마음에서 떼어내도 괜찮을 듯싶다.
 두려움과 신중함은 다른 것 같다. 어둠속을 두려운 생각으로 가다보면 자그만 돌부리에도 쉽게 넘어진다. 하지만 신중하게 하나하나 더듬으며 전진하다보면 목적지를 쉽게 갈 수 있다.
 세상살이 하면서 두려워 말라. 실패한들 어쩌랴. 다시 하면 되는 걸….
 나쁜 일을 하다가 실패하면 재기하지 못해도, 좋은 일을 하다가 실패하면 더 크게 재기할 수 있다.

  용기를 내자. 담대하게 목표를 설정하자. 그리고 묵묵히 걸어가는 용기를 갖자.

  두려움 없는 내 인생에서 용기란?

  무섭고, 두렵고, 포기하고 싶어도 참고, 끝까지 참고 이겨내는 것이 용기다.

Fearless!

  인생에 두려움을 갖지 말아 주십시오.

  두려움과 친해지는 연습을 하십시오.

'빽' 있는 놈이 성공한다

'빽'은 잘나가는 선배나 친구들을 의미한다. '빽'이란 '백그라운드(Back Ground, 여기서는 '빽'으로 쓴다)', 즉 '배경'을 가리키는 말로, 뒤에서 돌보아 주는 배경을 의미한다.

우리 사회는 빽 있는 사람들이 지배하게 되어 있다. 소위 빽 있는 사람은 인생을 수월하게 살 수 있지만, 빽 없는 사람은 힘든 싸움을 해야 된다. 짜증나는 건 그렇게 힘든 싸움을 해서 이겨도 결과에 대해서 크게 만족할 수 없다는 사실이다.

자고로 빽(배경)이 있어야 한다. 빽 있는 놈만 성공한다고 슬퍼하지 마라. 빽도 하나의 경쟁력이라면 경쟁력인 걸 어쩌랴?

아니 어찌 보면 대단한 경쟁력이다. 성실하게 열심히 노력해서 살려는 사람보다 빽 있는 사람들의 성장과 세상을 누리는 속도가 엄청 빠르다. 참 기가 막힌 세상이다.

사람들은 누구나 빽(배경)을 가지고 살아간다. 어떤 사람은 부모 잘 만나고, 선배 잘 만나고, 친구 잘 만나 호강한다. 안 되는 일도 되게 하는 게 빽이고 보면 빽의 위력은 대단한 것이다.

그렇다면 빽 없는 그 사람들은 죽으란 말인가?

나는 엄청난 빽을 가진 사람이다. 그래서 성공했다. 모두들 부러워할 것이다.

나는 고 1 때 아버님이 작고하셨다. 유산으로 남긴 거라 곤 빈털터리 집과 충격으로 쓰러지신 어머님이 유산의 전부였다.

고 1 때부터 혼자 살아가야 하는 나는 믿을 빽이라곤 나밖에 없었다. 아마도 그때부터 나 스스로 살아가는 빽을 준비한 듯싶다. 닥치는 대로 아르바이트를 하였고, 닥치는 인연마다 소중하게 생각하였다.

그 후 대학을 다니면서도 온갖 아르바이트를 경험해야 했고, 그 힘든 아르바이트 속에서도 늘 웃으며 밝게 생활하였다. 아무리 힘들어도 얼굴엔 구김 없이 살려고 무진 애를 썼다.

어느덧 나의 몸엔 나만의 빽(성실함)이 차곡차곡 쌓여만 갔다.

군대 갔다가 사회에 나와서도 일을 쫓는 그 성실함은 날이 갈수록 빛을 발했다. 아무도 갖지 않은 엄청난 자신감이 내 몸에 찰싹 붙었다. 알고 보니 빽이었다.

아무리 좋은 빽을 가진 사람도 부럽지 않았다. 내 빽은 내 등 뒤에서 나를 지원하는 에너지가 되었고, 언제나 어려움을 뚫고 나가는 동력이 되었다. 그 엄청난 힘이 곧 나의 빽이요, 나의 배경이었다.

어찌 보면 지금도 애써 일하는 것은 나 스스로 빽 쌓는 일이라 생각한다. 빽 없는 놈은 스스로 빽을 만들어 그 빽으로 살아갈 수밖에 없는 일 아닌가!

지금은 엄청 큰 빽을 가진 사람으로 우뚝 서있다. 성공한 사람으로 우뚝 설 수 있게 한 그 빽은 바로 내가 하는 일이요, 일터다.

내가 하는 사업…. 일이 있고 직원과 함께할 수 있는 일터가 있는 한 나는 빽 가진 당당한 사람으로 자신감 있게 살아갈 것이다.

세상은 금융 여파로 힘들다지만 나는 미소 지을 수 있음도 다 빽 때문이 아니겠는가!

오늘따라 햇살이 더 화사하게 느껴진다.

Success Story

제4장 행동의 끈

내 인생에 불가능(不可能)은 있다

나폴레옹 이래 똑똑한 사람들은 이구동성으로 '불가능이 없다'고 외쳐댄다.

다들 거짓말쟁이들이다.

'불가능'이란 명사는 '가능하지 않음'이란 뜻이다. 그런 불가능을 식자(識者)들은 너무 쉽게 '불가능은 없다'고 말하고 가르친다.

따지고 보면 불가능이란 '한계'라는 부정적인 마음이 만들어 내는 '금지선(線)'이기에 충분히 뛰어넘을 수 있다고 강조를 한다. 그래서 국어사전에 불가능이란 단어조차 지우려는 사람들이 많이 있는 것 같다.

참 웃기는 사람들이다. 불가능이 없긴 왜 없어? 불가능이 없으면 인생이 재미가 없는데….

재미없는 인생 왜 살아? 모든 게 내 뜻대로 다 되는 세상이라면 무슨 재미로 인생을 살아?

  와이프 맘에 안 들면 예쁜 처자로 바꿔버리고, 애들 공부 못하면 허구한 날 쥐어박아서라도 공부시켜 하버드대학 보내고. 돈이 없다고 뭘 걱정해? 원하는 돈만큼 팍팍 벌어서 금고에 꽉 채우면 되지…. 불가능이란 없으니까 말이다.

  내 인생에 불가능은 있다. 내 인생엔 분명 불가능이 있다. 내 인생 한 켠에 '불가능' 이란 놈이 함께한다는 게 얼마나 행복한지 모른다.
  학창시절에 내 키가 170cm만 되었으면 했다. 그런데 아직까지 이루지 못했다. 이미 포기 했다. 그것은 내 인생에 불가능이라 생각했기 때문이다. 또한 결혼하고 신혼여행에서 귀여운 딸 하나를 낳으려고 생각했다. 결혼 20년이 되었다. 이젠 불가능이라 생각해서 포기해버렸다.
  나의 소박한(?) 소원은 이루지 못했다. 불가능한 듯싶다.
  불가능! 불가능! 불가능!
  내 인생의 불가능이란 앞서 얘기한 2가지 빼고는 불가능이 없는 듯하다. 불황 속에서도 내 마음에는 지금도 '불가능은 없다' 고 자신있게 내뱉고 있다.
  맞다. 내 인생에 불가능이란 없다.
  불가능은 없다는 말은 논픽션(사실)이다.
  사람들이 살아가면서 한계로 여겨 포기하고, 속단하고 부정적으로 보기 때문에 불가능한 것으로 여기는데, 이것이야말로 부정적인 마음의 올가미다. 이름하여 마음에 덫인 것이다. 나는 마음에 덫이 없다. 단지, 충분히 뛰어넘을 수 있으면서도 마음으로 이미 불가능하다고 느끼기 때문에 불가능할 뿐 원래 불가능한 것은 아니란 얘기다.

남들이 다 할 수 있는 것을 이룬 자에게 부와 명예를 준 것이 아니다.

누구나 할 수 있는 일을 성취한 자에게 축복을 주는 것이 아니다.

아무나 할 수 없고, 누구나 이룰 수 없는 저 맨 끝의 한계(限界)의 끝에 성공을 숨겨놓은 것이다.

L·i·m·i·t·e·d·? 그것은 조물주가 인간에게 부여한 숙제일 뿐이란 사실이다.

매사를 긍정적으로 애써 끊임없이 노력하는 사람에게만 살짝살짝 보여주는 조물주의 심보(?)가 여기에 있는 것이다. 두드려라. 그러면 열릴 것이다. 목표를 설정하고 울면서 애써 두드리는 갈급함이 보일 때 조물주도 감동하는 법이다. 그때 빠끔히 문을 열어 주시는 게 조물주인 것이다.

오히려 원하는 거 너무 쉽게 되면 허전한 법이다. 고산(高山)의 빙벽이 험할 수록 오를 때는 너무 어렵고 힘들지만 오르고 나면 환희의 콧노래, 그 벅찬 감동은 더 큰 것처럼 내 인생도 그렇게 환희와 벅찬 감동으로 따뜻했으면 싶다.

밋밋한 사랑이 싫은 것처럼, 밋밋한 인생도 싫다. 높은 파도 헤치며 항해하는 1등 항해사가 될지언정 조용한 호수 돛단배 띄워놓고 한가롭게 노 젓고 싶지 않다.

거울에 비친 내 모습

거울아, 거울아!

내 사무실 소파에 앉으면 정면에 커다란 거울이 있다. 언제부턴가 난 거울을 보는 버릇이 생겼다. 그냥 거울을 보다 보면 기분이 업(UP)되기 때문이다.

거울을 보면 늘 그놈은 바보 같다는 생각이 든다. 가만히 서서 자기 앞에 보이는 그대로를 보여주니까, 순진한 놈 같기도 하다. 늘 투명하게 자신을 내보이니까, 때론 너무 깍쟁이 같아서 싫다.

저는 알고 있으면서도 인비저블(invisible), 즉 보이지 않는 부분은 절대로 보여주지 않는 고집불통이기 때문이다.

그러나 그(거울)를 보면 사랑스럽다.

난 거울을 보며 진리(眞理) 하나를 배웠다. 그놈은 가식이 없는 진실한 놈이란 사실을 뒤늦게 알았다. 거울은 내가 슬프고 우울할 땐 나의 모습을 초라하게 비추어 주었다. 거울은 내가 기쁘고 자신감이 충만할 땐 나에 모습을 멋있고 세련된 매력남으로 비추어 주었다.

'거울에 비치는 모습, 그것은 결국 모두 내 마음의 모습이구나!' 하고 느꼈다.

매력 있는, 멋있는 사람이란 희로애락, 일희일비하는 게 아니라, 결국은 마음을 다스리는 거라고. 마음을 비추어 주는 게 거울이지, 단순하게 있는 그대로만을 보여주는 게 거울이 아니란 사실 말이다.

거울, 그놈은 바보요, 순진하고 깍쟁이가 아니라, 내 마음을 읽어주는 '심경(心鏡, 마음 투시경)'이란 사실을 거울을 통해서 배웠다.

경험은 돈을 주고도 살 수 없다

　흔히들 경험은 돈을 주고도 살 수 없다고 한다. 이 말은 경험이야말로 실제 느끼고 경험하지 않으면 얻을 수 없다는 말이다. 또한 경험은 돈보다 더 가치가 있는 훌륭한 자산이란 얘기일 것이다.
　모든 것은 경험에서 나온다. 인생살이도, 사업도, 사랑도, 즐김도 다 경험에서 나온다. 좋은 경험이 많은 자일수록 부자란 이야기다.
　경험은 좋은 경험도 있고, 아프고 쓰라린 경험도 있는 법이다. 좋은 경험과 실패에 대한 경험, 둘 중에 어느 것이 값어치가 있느냐는 중요한 게 아니다. 문제는 호불호(好不好)를 막론하고 모두 내 인생의 좋은 방향계가 될 수 있다는 사실이다. 좋은 경험은 좋은 추억이 되어 인생을 환하게 한다. 반면 실패의 경험은 내 실패의 반복을 줄여준다.
　실패의 경험은 때로는 내 인생의 브레이크가 되기도 하고, 가속페달이 되기도 한다. 브레이크와 가속페달이 없는 자동차는 상상하기 어렵듯 실패 없이, 과오 없이 인생을 산다는 건 무의미한 삶이 되고 말 것이다.

경험은 돈을 주고도 살 수 없다. 경험은 세월을 두고 하나둘 비축해야 한다. 마치 몸에 좋은 보약 먹듯 말이다. 축척된 경험은 에너지의 원천이 된다. 에너지원이 많을수록 인생은 깊이가 있고 탄력이 생긴다. 실수도 젊었을 때 하고, 경험도 젊을 때 많이 쌓아놓아야 한다.

부지런한 자가 경험도 많다. 다양한 경험에서 우러나오는 방향계는 내 인생을 올바로 안내해줄 바로미터이다.

실패를 두려워하지 마라. 불에 데어봐야 화력이 무서운지 안다. 보고 느끼는 배움엔 한계가 있다.

밋밋한 인생은 재미가 없다. 인생의 깊이가 없다. 인생의 승부는 경험의 많고 적음에서 판가름 나는 법이다.

나의 단점을 매력으로 가꿔라

하필 내 주변엔 키가 큰 사람이 많다. 내가 작기보다는 상대방의 키가 크니 유독 더 작게 보인다. 하지만 골프칠 때는 좋다. 작은 키에서 힘차게 나오는 임팩트, 가히 기쁨 두 배다.

어느 날 골프를 하는데 그날따라 하늘이 높아 보였다.

같이 골프하던 동반자 왈 "고프로는 하늘이 더 높겠어?"

순간 고개를 위로 쳐들고 동반자의 얼굴을 보았다.

"맞아! 하하하."

그 친구가 보는 하늘과 내가 보는 하늘은 1피트(Feet) 차이가 난다. 차이가 난들 어떠랴!

가만히 생각하니 행복하다는 느낌이 든다.

'나는 남보다 1피트 더 높이 볼 수 있는 자유를 가진 남자다.'

내가 동반자를 보고 웃자, 옆에 있던 캐디는 깔깔대며 웃는다.

그렇게 웃으며 다음 홀(Hole)에 갔다.

힘차게 스윙한 내 볼은 다른 동반자들보다 무려 30야드(Yard)나 더 멀리 포물선을 그리며 날아갔다.

"굿~샷!"

같이 하늘을 봐도 제일 높게 하늘을 볼 수 있는 사람이 키가 작은 사람의 특권이다.

내 손을 잡아요

운 좋은 사람의 손을 잡자.

운 좋은 사람의 주변에는 신기하게도 운 좋은 사람이 모이는 법입니다. 그런 사람들은 서로 영향을 주고받아 '행운의 자기장'을 더욱 단단하게 만듭니다. 따라서 그 옆에 있으면 저절로 행운이 찾아오게 되어 있습니다. 행운을 부르고 싶다면 운 좋은 사람에게 가까이 다가가는 것부터 시작해야 합니다.

- 아라키 히토미의 《기분 좋은 날은 어떻게 만들어지는가?》 중에서

그 사람을 만나면 삶에 활력이 솟는다.
그 사람을 만나면 왠지 기분이 좋다.
그 사람 곁에 있으면 운(運)이 저절로 따른다.

그런 '행운의 자기장'이 꽉 찬 사람이 나였으면 좋겠다.

또한 운 좋은 사람들이 내 곁에 많았으면 좋겠다.

나도 그리되도록 노력하고, 내 주변 사람들도 다 같이 노력하다 보면 없던 운도 따른다는 사실에 주목을 한다.

노력이 뒷받침돼야 운도 따르는 법이니까….

내 인생의 도둑

　내 인생의 도둑이 있다. 그 도둑을 스스로 잡아내지 못하면 애써 이룸도 허사(虛事)인 것이다.

　내가 키운 내 인생의 도둑, 그 도둑놈을 잡아내야 한다. 그래서 나는 날마다 도둑 잡는 방범대원이기를 주저하지 않는다.

　내 인생의 도둑은 나태, 교만, 불성실, 안일, 오만, 무감각, 부정적 사고(思考), 게으름, 자포자기, 탐욕, 욕정, 비방, 욕설, 아집, 이기심 등이다.

　이처럼 인생을 살아가면서 내 마음에 도둑이 암세포처럼 퍼져나간다면 큰일이 아닐 수 없다.

　초기에 잡아라. 모든 게 뿌리가 약할 때 없애야 비용을 줄일 수 있는 법이다. 내 마음의 도둑이 내 몸속에 자리 잡고 있는 이상, 나의 존재는 작아질 수밖에 없다.

가뜩이나 작은 키, 더 작아질 수야 없는 법이지 않은가! 비록 키는 작아도 내 인생은 거인(巨人)이 될 수 있도록 내 마음의 도둑을 잡는 일에 게을리 해서는 안 되겠다.

월급 없이 도둑 잡는 방범대원, 그 소임을 다하고 싶다.

내 일에 정성을 들여라

세상사 무엇 하나 쉬운 것이 없다. 아마 자신의 일이 쉽다면 그것은 부질없는 일이 아닌지 의심해볼 필요가 있다. 그것도 아니라면 쉬운 와중에 반드시 리스크는 도사리고 있을 듯싶다.

사회생활을 하다보면 어려움을 겪는 사람들을 종종 볼 수가 있다. 다들 무슨 일을 준비 없이 쉽게 시작하지 않나 싶다. 쉽게 시작한 일, 쉽게 망가지기 쉽다.

오랜 세월을 견디다 꽃망울을 터뜨리는 난(蘭)이 향기가 오래가는 법이다. 그렇듯 '오랜 준비를 통하여 정성스럽게 시작하고, 하는 일에 정성을 다하는 자세가 중요하다'는 생각이 든다.

요즈음 창업하는 사람들, 너무 쉽고 안일하게 시작하는 사람들이 더러 있는 것 같다.

아닌 듯싶다. 성공이란 애써 부지런히 한다고 해서 다 되는 것은 아니다.

성공을 하기까지 그 무언가 보이지 않는 힘(Power)이 존재해야 성공할 수 있다.

나는 그 힘이 바로 '정성(精誠)'이라 생각한다. 특별한 재주가 없는 사람일수록 더 많은 정성이 요구됨은 기정사실 아닌가!

많은 돈 없어,

특별한 기술 없어,

딱히 내세울 나만의 노하우가 없어,

…….

이럴 때 그나마 나를 일으켜 세워 주는 게 바로 정성이다. 직장생활을 하든, 사업을 하든, 연애를 하든, 운동을 하든, 그 무엇을 하든지 매사에 정성을 들이는 습관이 몸에 배어야 한다. 마치 부모가 자식새끼 잠자는 것도 못미더워 '빠끔히 문을 열고 들여다보는 부모처럼' 그런 하염없는 정성을 쏟아야 한다.

모든 게 정성 없이 꽃피우는 일이 없으니 말이다.

내 인생의 최소 스펙(Spec)

내 인생의 최소 스펙은 무엇일까?

내 인생의 하늘의 명(命)은 무엇일까?

내 인생 내가 개런티해야 한다.

내 브랜드, 내가 설정해야 한다.

명품이 될 것인가?

짝퉁처럼 살다가 헌신짝처럼 갈 것인가?

스스로 재고가 되어 가치 없이 사라질 것인가?

스스로 명품이 되어 정금(正金)처럼 빛날 것인가?

너의 길은 무엇인가?

스스로에게 묻고 싶다.

오늘도 절차탁마(切磋琢磨)하는 이유가 그것 때문이다.

눈 뜨면 일터로 나가야 한다

'사바나의 사자는 아침이 오면 뛰어야 한다.'

'사바나의 사자는 아침이 오면 뛰어야 한다'라는 밴드가 있다고 한다. 밴드 이름치고는 참 독특하다. 나는 아쉽게도 그 밴드를 알지 못한다. 하지만 그 밴드 이름만큼은 너무나 맘에 든다.

돌이켜 나의 10년을 회상해보면 아침마다 사바나의 사자처럼 10년, 3,650일을 그렇게 열심히 살아온 듯하다. 아침만 되면 일터로 나가 뛰어야 했던 10년의 세월이 너무나 행복하게 느껴진다.

낯모를 밴드로 인하여 지난 세월의 회한을 다시 한번 생각하게 해준 하루인 것 같다.

리미티드(Limited)

"네 한계를 아는 건 좋지만, 남이 정해놓은 한계에 얽매이지 마라."
- 영화 '그레이시 스토리' 중

'너는 그게 한계야. 이 바보야.'
바보는 그 소리에 실망을 하고 이내 좌절하고 만다. 슬픈 일이다.
남이 정해놓은 한계에 스스로 얽매어 하는 일을 포기해버리는 것은 바보나 해야 할 일이다.
꿈이 있고 목표가 분명한 사람에겐 '한계'란 단어가 필요 없을 듯싶다. 성공한 사람들은 대부분이 이 한계를 극복하고 성취한 사람들이다. 그들은 오히려 한계상황을 즐기며 고통 속에서 무언가 찾으려 애쓰려했다는 것이다.
내 한계를 하나하나 껍질 벗기듯 벗겨가는 게 인생이고 보면 한계란 성공의 알맹이를 감싸고 있는 껍질이요, 시험편에 불과한 것이라는 사실이다.

  Limited, '니가 미치도록 깨어 나가라' 해서 리미티드다.

  불광불급(不狂不及) - 미쳐야 미칠 수 있다. 그래서 뭔가에 미친놈만 그래도 뭔가를 얻을 수 있는 법이다.

  좋은 일에 빠지고, 좋은 일에 미친다는 건 행운아만이 가질 수 있는 특권이요, 그것이 곧 '성공의 만능키'라는 걸 명심해야 할 것이다.

리빙 라이센스를 가져라

리빙 라이센스(Living License)를 가져라.

"라이센스란? 어떤 영업(營業)이나 행위를 공인(公認)해 주고 또한 일반적으로 금지되어 있는 행위를 특별한 경우에 허가하거나, 특정한 권리를 설정하는 행정행위를 허가하여 적법하게 일할 수 있게 발행하는 표찰(標札)이다."

나는 '살아가면서 생(生)의 라이센스를 가져야 한다'고 늘 강조한다.

리빙 라이센스를 가진 자와 못 가진 자의 차이는 엄청난 것이다.

내가 이야기하는 '라이센스를 가져라' 함은 일종의 생(生)의 자격을 가지라는 뜻이다.

우리는 살아가면서 수많은 일(요소), 관계, 환경, 가치 그리고 다양한 욕구 속에서 자신의 능력(Power)을 창출하고, 그 창출된 힘으로 서로 경쟁하며 살아간다.

  그렇다면 경쟁에서 이기기 위한, 경쟁에서 컷오프 되지 않는 최소한의 기본은 무엇일까? 그것이 바로 리빙 라이센스를 취득하고 살아야 된다는 말이다.

  사업을 해도 사업할 자격이 있는 사람이 사업을 해야 한다.

  술을 먹어도 술 먹을 자격이 있는 사람이 술을 먹어야 한다.

  사랑을 해도 사랑할 자격이 있는 사람이 사랑을 해야 한다.

  이 사회에서 발생하는 많은 사건사고들은 모두 라이센스를 갖지 않은 사람이 어떠한 일을 하기 때문에 사고가 나고 수습하기 힘든 어려운 일을 당하는 것이다.

  사업을 해도 사업할 자격이 있는 사람, 즉 회사 다니면서 열심히 일하고 자신이 근무하는 회사 사장에게 돈을 벌어준 사람이 자격이 있다고 생각한다. 음식점, 미용실에 다녀도 식당 주인, 미용실 원장에게 열심히 일해서 돈을 벌어준 사람은 음식점을 차릴, 미용실을 차릴 자격이 있는 사람들이다. 그런 사람이 되고 난 후에 사업을 해야 한다는 이야기다.

  술을 먹어도 술 먹을 자격이 있는 사람, 즉 열심히 일한 후에 동료들과 아니면 지인들과 스트레스를 날려버리며 한잔한다면 얼마나 좋은 일인가. 하루 종일 빈둥거리거나 열심히 일하지 않은 사람은 술 마실 자격이 없는 사람들이다. 이런 사람들이 술을 마셔 결국은 사고를 치게 되어 있다. 자고로 술은 열심히 일한 후에 마시는 술이 제 맛이 나는 법이다.

사랑도 마찬가지다. 사랑하려면 반드시 사랑할 자격을 갖고 사랑을 해야 한다. 그렇지 않고 자격을 갖지 않고, 자신을 통제하지 못하고 사랑하다가 인생을 그르치는 일을 자주 목격하게 된다. 참으로 안타까운 일이다.

이처럼 '리빙 라이센스'란 외부에서 주는 자격이 아닌, 자신이 자신에게 주는 자격이다. 그러기에 자기 자신에게 더욱 철저한 심사(?)를 거쳐 자격을 부여해야 한다. 그만큼 자기 관리를 엄격히 그리고 철저히 하는 습관이 몸에 배이게 해야 한다는 이야기다.

스스로의 자격을 가진 자만이 만에 하나 있을지 모르는 실수, 설령 실수가 있다 해도 그 실수를 커버할 보험처리를 할 수 있는 법이다. 자동차를 몰면서 운전면허증이 없다면 큰일이다. 무면허는 보험처리도 안 된다.

자동차도 그럴진대 하물며 소중한 자기 인생을 짊어지고 가면서 무면허로 자신을 운전하려는 바보들이 많은 세상이다.

참으로 답답하고 한심한 일이 아닌가!

리빙 라이센스는 갖든, 안 갖든 그것은 결국 본인 스스로가 선택하고 판단할 일이다. 하지만 폼 나는 인생을 살기 위해서는 반드시 리빙 라이센스가 필요하다. 성공하는 인생이 되기 위해서는 무엇보다 자기 자신이 먼저 자격을 갖고, 사고(思考)하고 행동(行動)하도록 명령(?)을 내리는 멋쟁이가 되어야 한다.

오늘날과 같은 불확실성의 시대일수록 '리빙 라이센스를 가진 사람이 성공한다'는 사실을 아는 현명한 사람이 많았으면 싶다.

바람피우는 사람이 성공한다

바람을 피우자. 한 남자로 태어나 바람 한 번 피워보지 못하고 죽는다는 것은 못난 짓이다. 남들 다 피우는 바람, 왜 나만 바람피우지 않고 사는가!

요즈음 많이들 어렵다고 한다.

"요즘 힘드시죠? 밖에서 들으니 요즘 많이들 힘들다고 하던데…." 이렇게 말했다가 "그런 사장님은 그럼 잘된다는 거네요" 하면서 핀잔 받는 세상이다.

힘드냐고 물어본 것은 '세상 모두가 힘들어도 열심히 하면 다 길이 있다'고 말하고 싶었던 마음에서 말을 한 건데, 답변이 그렇게 퉁명스럽게 나오는 걸 보면 아무래도 체감경기가 장난이 아닌 듯싶다. 하여간 불황의 여파는 서민들의 마음의 여유마저 빼앗아간 것 같은 느낌을 지울 수 없는 걸 보면 요즘 시국이 불황은 불황인 모양이다.

제4장 행동의 끈 171

이처럼 어려울 때일수록 바람을 피워야 한다. 남의 탓만 하고 위정자들 욕만 할 게 아니라 정작 바람을 피워야 한다.

그 바람은 바로 '혁신(Innovation)의 바람'이다.

시대가 바뀌고 있다. 변화의 폭과 시기가 예측하기 어려운 쪽으로 흘러가고 있다.

이 시대, 이 불황을 타개하려면 혁신이란 옷을 갈아입지 않으면 안 된다. 내 마음의 혁신이 필요하고, 내 정신의 혁신이 필요하다. 일하는 것도 예전의 방식을 고집해서는 안 된다. 무엇인가 변화가 필요하다. 이처럼 변화의 물꼬를 올바른 방향으로 흘러가게 하는 것이 바로 '혁신'이요. 또한 이 혁신을 올바른 방향으로 어프로치하는 힘(Energy)이 곧 '바람'인 것이다.

그래서 바람을 피우라는 것이다. 불황의 골이 깊어지면서 예전과 달리 생각이 달라지는 듯한 생각은 많이 보이는 것 같다.

하지만 바람을 피우는 힘의 동력은 약하다고 생각된다. 이 동력을 이끌어 내야 한다. 그것은 바람을 피워 이끌어 내는 방법밖에 없다.

내가 생각하는 어려움을 타개하는 혁신의 바람은 꿈을 버리지 않고 도전하는 것, 끊임없이 자기계발을 하면서 하는 일에 최선을 다하는 것, 서로가 서로를 생각하며 배려하는 것, 매일 새로운 모습으로 자신과의 약속을 지키려 애쓰는 것이다.

너무 조급하게 생각하지 마라. 너무 쉽게 결과를 보려하지 마라. 성공은 오랜 기간 마음의 바람을 일으켜 자기의 길을 쉼 없이 간 사람들의 몫이다. 그 몫을 차지하기 위해서는 하루도 빠짐없이 내 안에 변화의 바람을 묵묵히 지펴야 한다. 그것이 신(新)바람이다. 그 신바람을 일에 쏟아 붓는 열정을 기대해 본다.

성·공·의·끈

폼을 잡아라

일할 때도 그렇고 사랑할 때도 그렇다.
폼을 잡아라.
언제나 사랑할 준비를 하라.
준비하지 아니하고 사랑을 하려면 그땐 이미 늦은 것이다. 사랑은 쉽게 찾아오는 반면에 쉽게 떠난다는 사실을 알아야 한다.

무쇠도 벨 수 있는 담대함

'의천검(倚天劍, 무쇠도 벨만큼 강하다고 알려진 전설의 검)' 이란?

조조가 사용했던 검으로 '하늘도 꿰뚫는 칼'이라 한다.

삼국시대만 해도 이 검 하나면 적들을 물리칠 수 있어서 좋았을 법하다.

하지만 오늘날은 칼이 없는 세상으로 바뀐지 오래다. 칼은 무기가 될 수 없는 세상이다.

강한 것은 더 강한 것으로 벨 수 있다. 강하다고 방심했다가는 더 강한 놈이 다가와 베일 수 있는 게 기업 현실이다. 강하다고 노력을 게을리 하면 뒤쳐지게 되어 있다. 강할수록 더 노력하는 리더가 혁신 리더요, 경쟁력 있게 잘 나가더라도 더 많이 노력하는 기업이 혁신 기업이다. 강하다고 머물러 있는 것은 변화가 없는 것이다. 변화가 없다는 것은 죽은 것이다.

 강할수록 더 노력하고 실천으로 옮기는 것, 그것이 '혁신 리더'들이 해야 할 몫이다.

 무쇠를 더 강한 쇠로 벨 수 있다는 사실, 오늘을 살아가는 젊은이들에게 필요한 정신 같다.

 오늘날 치열한 경쟁 속에 살아가는 기업인들에게 더더욱 시사하는 바가 큰 것 같다. 더 노력 해야지….

성·공·의·끈

'더 높은 곳으로 비상하려는 꿈만 있다면 그것은 이미 부자다.' 그 꿈을 놓을 때 인간은 가난뱅이가 된다.

비아(非我)를 해고하라

내 작은 가슴에 진정한 나(我)만 살면 좋으련만, 하나님은 내가 외로울까봐 비아(非我)를 같이 주셨다. 그러기에 내 마음속에는 늘 아(我)와 비아가 싸우는 일이 잦다. 그나마 위안은 싸우면 거의 아가 승리한다는 사실이다.

진정한 내가 아닌 것은 싫다.
진정한 내가 아닌 것과 타협하지 마라.
시간은 나를 위해 기다려 주지 않는다.
내가 아닌 것과 싸워 반드시 승리하는 게 내 인생이다.

성공의 3대 TOOL

내 경험에 비친 성공의 3대 TOOL은 무엇일까?

1. 화장실 청소하는 더러운 놈
2. 밥 깨끗이 처먹는 놈
3. 일의 끈을 놓지 않는 미련한 놈

성공철학을 가져라

 나대로의 성공철학(成功哲學)을 가져라.
 '성공(成功)'이라 함은 목적을 이루는 것, 뜻을 이루는 것을 가리키는 말이다.
 '철학(哲學)'이라 함은 인생의 근본원리를 추구하는 학문으로서 일정한 세계관이나 생활신조를 일컫는 말일 게다.
 '나는 나대로의 철학이 있다.'
 성공한 사람들을 보면 어김없이 자기 자신만의 '성공철학'을 가지고 있다. 철학을 갖는 것은 인생의 나침반을 손에 쥐는 것이다. 철학을 갖는다는 것은 자신의 소중한 꿈을 놓치지 않으려는 정신을 손에 쥐는 것이다.
 지금은 성공할 수 있는 자기만의 정신(精神)이 필요한 시점이다.
 열심히 노력하여 돈을 번 사람과 로또가 당첨되어 돈 번 사람의 다른 점은 정신의 문제, 즉 성공 뒤에 감추어진 정신이 있고 없음의 문제만 내포하고 있을 뿐이다.

자기 자신만의 일정한 '삶의 법칙', '고유한 정신'을 가져야 한다. 살아가면서 철학이 있고 없음에 따라 인생이 좌지우지되는 경우를 많이 보게 된다.

철학이 있는 사람은 자신만의 뜻을 이루기 위한 에너지가 충만할 뿐 아니라, 성공 뒤에도 자기의 성공을 더욱 빛나게 하는 마력을 가지고 있다.

반면, 철학이 없는 사람의 성공 뒤엔 허전함과 추함만 있을 뿐, 그 성공은 오래 지속되지 않는다.

성공 뒤에 철학을 쌓으려 한다면 그때는 늦다. 목적을 이루기 전에 자기만의 성공 룰(Rule)을 갖는 것이 곧 철학을 갖는 것이다. 자기에게 다가올 성공을 위해 성공철학을 갖으려 애쓰는 마음, 자기 앞에 다가설 행복을 위해 '행복철학'의 갑옷을 입으려는 노력이 필요한 시점인 듯싶다.

"인생, 그까이것 못살게 뭐있어!"

"인생, 그까이것 안될게 뭐있어!"

어느 개그맨의 말처럼 보물찾기하듯 세상에 숨겨둔 행복을 찾아가는 게 인생이다.

누가 먼저 찾을 것인가?

누가 더 많이 찾을 것인가?

모두 본인의 마음속에 그 해답이 있다는 사실을 알아야 한다.

오늘도 꿈(마음)속엔 철학(정신)을 심고, 뜻을 위해 묵묵히 행동하

라. 그리고 힘들고 어려워도 내 삶을 즐겨라. 아무리 감내하기 어려운 역경도 지나고 보면 아름다운 추억일 뿐이다.
　미래를 상상하라. 성공도, 행복도 네 앞에 우뚝 선 채로 너를 환영해 줄 것이다.
　네가 생각했던 꿈, 네가 그토록 갈망하던 꿈, 그 모두는 너의 생각 이상으로 성장하여 네 앞에 우뚝 서있을 테니까….

신입직원(후배)들에게 한마디

신입직원들에게.
분위기 메이커가 되라.
눈치, 센스가 있어야 한다.
기본과 원칙을 지켜라.
나만의 밸류(Value)를 창출하라.
꿈에 대한 열정을 가져라.
도전의식은 평생을 두고 가져라.
그리고 즐겨라.

사랑하는 후배, 사회에 첫발을 내딛는 젊은이에게 내가 체득한 소중한 'TIP'을 나누어 주고 싶다.

일 열심히 하지 마라

'**열심히** 일하라, 열심히 일하라….'
이 말을 짜증나도록 숱하게 들었다.
귀에 못이 박히도록 수도 없이 들었다.
왜 다들 난리들인가!
왜, 왜들 열심히 하라고 난리들인가?
'일 열심히 하지 마라.'

내가 강조하는 일 열심히 하지 말라는 것은,
- 아무 생각 없이 일하지 말라는 것이다.
- 일의 결과를 염두에 두고 일하지 말라는 것이다.
- 돈을 보고 일하지 말라는 것이다.
- 자신만의 출세, 아니 성공을 하기 위해서 하는 그런 일은 열심히

하지 말라는 말이다.

무슨 궤변이냐 따질지 모르겠다. 하지만 분명한 것은 있다.

첫째, 생각 없이 일하는 것은 단순기구나 기계가 할 일이다.

생각 없이 주어진 일을 열심히 한다는 것은 낭비다. 생각을 가진 사람이 할 일은 아닐 듯싶다. 생각 없이 일하는 조직은 반드시 망하게 되어 있다. 창의력을 발산할 수 없고, 시대에 뒤떨어진 제품이나 서비스만을 생산할 뿐이다. 일하려면 생각을 가지고 하라.

둘째, 일의 결과를 염두에 두지 말아야 한다는 것이다.

일의 결과를 염두에 두고 일을 하다보면 자칫 이기주의자가 될 수 있다. 이기주의가 많은 조직이 성공한다는 것은 불가능한 일이다. 결과에 급급하지 말고 일에 지성(至誠)으로 다가가는 자세가 필요하다는 것이다.

셋째, 돈을 보고 일하는 것은 매혈(賣血)이나 다름없다.

제4장 행동의 끈

우리는 하루 벌어 하루 먹는 사람이 아니다. 돈보다는 일의 가치를 생각하고 일해야 한다. 일의 가치를 생각하고 열심히 달려들 때 돈도, 명예도 네게로 오는 법이다. 오지 말래도 언젠가는 오는 땀의 결과를 돈으로 그때그때 날려버리는 어리석음을 범하지 말아야겠다. 돈을 보고 일하는 사람은 차라리 일을 하지 마라.

넷째, 일은 신성한 것이다.

출세나 성공도 급하겠지만 자신만을 위한 출세나 성공을 바라보고 열심히 일하는 사람은 열심히 일한만큼 출세나 성공은 저 멀리 달아나 버린다. 일은 신앙처럼 그저 묵묵히 믿고 따르는 것이다. 자기자신보다는 조직을 위해, 팀을 위해 최선을 다하는 게 일이다.

일에도 예의가 있다.

무엇을 바라고 일을 하는 건 천당에 가려고 열심히 기도하고 찬송하는 사람이나 용돈 타 쓰려고, 유산 물려받으려고 부모님께 효도하는 사람과 견주어 다를 바 없다. 일에 대한 모독이다.

일한다는 것은 그저 일하는 자체가 조건 없이 고맙고 감사해야 한다. 내가 일하는 조직이나, 회사의 발전을 염두에 두고 일하는 사람이나 열심히 하는 것이지, 일에 예의가 없거나 일을 모독하는 그런 사람이라면 차라리 일하지 말고 노는 게 낫다.

일이 있어 행복하고 일이 있어 즐거운 사람, 그런 사람들이 모여 사는 아름다운 세상이 되었으면 한다.

자갈은 서로 부딪히면서 강해진다

빛나고 강해지고 싶은가? 그러면 부딪혀라.

이불 덮고 상상한들 꿈은 이루어지지 않는다. 도전하고 또 도전하고, 좌절하고 또 좌절하는 과정 속에서 자란 사람만이 단단해지고, 강해지는 법이다. 많은 세월동안 혹독하게 단련된 돌이 강해지듯 시련을 많이 겪은 사람이 아름다운 것도 그 때문이다.

시냇가의 돌멩이도 서로 부딪히고 쓸리며 다듬어 지고, 서로 부딪쳐 깨지면서 강해진다. 하물며 인간이 부딪히고 깨지기를 두려워해서는 아무것도 이룰 수 없다. 더욱이 젊은이가 부딪히기 싫어한다면 꿈을 포기한 것이다.

나는 그런 사람을 좋아하지 않는다. 그런 사람은 사람 냄새가 나지 않기 때문이다.

잠자는 나를 깨우는 연습

보다 나은 삶을 영위하기 위해 부단히 목표를 설정하는 사람들. 우리는 우리가 추구하는 목표의 공간에서 숨을 쉬며 살아간다. 하지만 인간의 의지는 철들지 않은 일면이 있는 듯싶다.

시작은 같지만 어떤 사람은 스스로를 깨우며 목표의 방향으로 쉼 없이 다가서지만, 많은 사람들은 언제 그랬냐는 듯 이내 설정해놓은 타깃을 잊어버리고 목표를 상실한 채 허둥대는 사람이 더러 있는 듯하다. 인간은 누구나 시간이 지나면 망각하는 뇌세포의 지배를 받고 있다.

인간은 누구나 환경으로부터 자유스러워지고 편함을 추구하는 경향이 있다. 서면 앉고 싶고, 앉으면 눕고 싶고, 누우면 자고 싶은 게 인간의 속성인 모양이다. 그런 속성 때문에 인간은 자꾸 나태하고 게을러지는 듯싶다.

등교 시간 다 되어 가는데 아직 일어나지 않는 막내아들 깨우듯 자신을 깨워야 한다. 자신의 능력이 흙에 묻히지 않도록 쉼 없이 나를 깨워야 한다. 개인도, 사회도 나를 깨우는 연습을 게을리 하면 도태될 수밖에 없다.

자신감을 가져야 한다. 문제는 나의 부족한 능력이 아니라, 잠자는 나를 깨우지 못하는 게으름 때문에 실패하는 것이다.

정신을 놓으면 아무것도 이룰 수 없다. 정신 바짝 차리고 당당하게 걸어갈 수 있는 자가 성공하게 되어 있다.

사고(思考)의 잠, 게으름의 잠, 목표 상실의 잠은 과감히 털고 일어나라. 원래 '잠'이란 침대위의 잠만으로도 충분할 테니까 말이다.

청소는 청소부 아줌마만 해야 한다?

많이 배운 사람은 청소 안 해도 된다.
돈 있는 사람들은 청소 안 해도 된다.
청소는 못 배우고 돈 없는 사람들, 그 사람들이 청소를 해야 한다.
제목보고 뭇매를 맞을 것 같다. 돌팔매를 맞을 것 같다. 그러나 답답해서 하는 말이다. 아쉬워서 하는 말이다. 요즈음 주변을 보면 기본을 모르고 살아가는 사람들이 많다. 또한 작은 행복을 모르고 살아가는 사람들이 의외로 많이 있는 것 같다.
세상이 변해도 기본은 살아있을 법한데, 똑똑한 사람만 많지 주변에 작은 아름다움을 가진 손은 점점 사라지는 인상이다.
우리 공장 화장실은 공중화장실이다. 18개 업체가 공동으로 사용하는 화장실에 청소용역 아주머니 한 분이 이틀 간격으로 청소를 해주신다. 건물주 회장님께서 세입자들이 깨끗한 환경에서 일 열심히 하라는 배려인 듯하다. 세입자 또한 열심히 일해서 공장 사서 나가는 모습을 보고 싶어 그런 것 같다.

날마다 공장 주변은 회장님 담당이다. 비가 오나, 눈이오나 이미 정년을 넘기신 몸이지만 "내가 이처럼 부지런히 일했기에 오늘이 있는 거야" 하시며 말없이 시위를 하는 듯하다. 사업하는 사람 어려움을 아는지라 당신이 먼저 몸소 보여주시는 것 같았다. 그 덕분에 우리 공장은 늘 정리정돈이 잘되고, 철 제조공장 치고는 아주 깨끗한 것 같다.

아침마다 청소하는 모습에 '나도 더 부지런 해야겠구나' 하고 마음을 다지곤 한다.

어디 그뿐이랴. 그 모습 뵐 때마다 옛 생각이 떠오른다. 사업 초기나, 지금이나 변함없이 나의 생활을 단단하게 잡아주는 중심(中心)이 있다. 그것은 '청소'다.

"깨끗해야 복이 들어온다"는 말처럼 정리정돈 잘하는 깨끗한 회사는 무언가 힘이 있다. 보이지 않는 자신감이 있다. 나는 사업하는 동안 잘 나갈 때나, 어려울 때나 이 마음 잊은 적이 없다.

'청소란 놈'은 내가 잘 나갈 때는 자신감과 새로운 욕구를 일으켜 주었고, 특히 어려울 때는 내 마음의 친구가 되어 나의 중심을 단단하게 잡아 주었다.

어디 그뿐이랴. 지금도 간혹 청소할 때마다 옛 생각이 떠오른다.

청소가 나에게 준 가장 큰 선물, 내가 다시 일어서는데 일등공신이 된 그 사실 말이다.

IMF 어려움을 겪고 재기(再起)할 때 내 등을 받쳐주며 나를 외롭지 않게 하였을 뿐 아니라 좌절하지 않고 지금의 모습으로 화려하게 재기하도록 큰 힘이 되어 준 것이 바로 청소다.

그래서 주인(건물주 회장님)의 마음을 잘 안다. 청소를 해본 사람이 그 마음도 아는 법이다.

미안한 얘기지만 그 고마움을 모르는 사람들이 많은 것 같다. 청소 아줌마가 다녀간 날에만 깨끗하던 화장실. 다음날은 지저분해서 볼 수가 없다. 누구 하나 떨어진 휴지조각 주어서 쓰레기통에 넣는 사람이 없다. 세면대는 기름때, 얼룩때가 꾀죄죄하다. 자기 손 닦고 한번만 훔쳐내면 좋으련만 그냥 씻고 휑하니 가버리면 그만이다. 공동화장실이기에 더욱 그런가 보다.

어떤 때는 내가 변기의 지저분한 것을 청소하고 있노라면 의아한 듯 힐끔힐끔 쳐다본다. 지저분한 것을 청소하는 것은 당연한데 사장이 청소하는 것을 보니까 이상한 모양이다.

이런 이상한 사람들이 많았으면 싶다. 청소하면서 얻는 참맛을 아는 아름다운 손들이 많았으면 싶다. 청소가 나에게 준 선물처럼 그 선물 많이 받고 성공하는 사람들이 많았으면 싶다. 환경도 깨끗하고, 마음도 깨끗한 아름다운 세상이 우리가 원하는 세상이기 때문이다.

청소는 청소부가 하는 게 아니라 지저분한 것을 보는 아름다운 눈을 가진, 바로 그 사람이 하는 것이요, 지저분한 환경을 깨끗하게 만드는 그 손을 가진 사람이 하는 것이다.

청소를 하면서 얻는 즐거움 속에 인생도 즐겁고 행복했으면 하는 마음을 가져본다.

Before Service

찾아가는 비포 서비스(Before Service).

고객의 마음으로 다가가는 연습이 필요하다. 습관처럼 다가가는 발걸음이 중요하다. 고객에 가까이 다가서는 이유는 가까이 가야만이 고객이 원하는 것을 알 수 있고, 내 서비스를 제공할 수 있는 법이기 때문이다. 고객과 멀리 떨어지면 마음도 떠나게 된다.

마음 떠난 후 고객의 사랑을 원하면 그것은 바보다. 가까이 있을 때 한 번이라도 더 찾아가는 연습, 백 번을 강조해도 옳을 듯싶다. 한 번 떠난 고객의 마음을 다시 붙들기는 어렵다.

이미 떠나버린 사랑했던 사람, 그 사람에게 매달리는 것처럼 자신이 구차해지고 초라해진다. 고객은 내가 필요해서가 아니라 아무 일 없어도 마음으로 다가오는 부지런한 발자국 소리를 듣고 싶어 한다. 그 부지런한 발자국 소리가 내 주변에 많았으면 싶다.

항아리 속의 돈도 '투자'다

누구나 돈을 벌고자 한다. 그것도 많은 돈을 벌어 한평생 불편함 없이 살고자 한다.

투자도 마찬가지다. 부동산이다, 펀드다, 주식이다… 난리들이다.

흔히 기계 일을 하면서 하는 얘기가 있다. 안될 때 때로는 원시적인 방법이 효과적일 때가 있다고….

무식한 방법이다. 하지만 그 원시적인 방법이, 그 무식한 방법이 해답을 줄 때가 종종 있곤 한다.

재테크도 그렇다.

누구나 똑같은 동일한 방법으로 돈을 벌고자 혈안이 되어 있다. 이럴 때 똑같은 방법으로 같은 배를 탔다가는 일등이 될 수 없다. 이럴 땐 리스크 없는 우보(牛步)가 차라리 약이 된다는 말이다.

자기가 번만큼은 안전하게 지키는 전략도 내가 번만큼만 부를 갖겠다는 생각. 구태하게 들릴지는 모르지만 요즘처럼 재테크 수단이 많아진 세상에서 내 땀으로 번 돈의 가치를 바로 알 수 있고, 미련한 그것 또한 중요한 재테크의 방법이란 사실을 알아야겠다.

혹독한 자기 경영

  자기 경영(自己經營)이란 자기 자신을 잘 통제하고 관리하여 자신의 목표에 부합하는 쪽으로 물길을 틀어간 사람들이다.
  성공한 사람들은 원하는 것을 이루기 위해 끊임없이 기초를 닦고 올바른 계획을 세우고, 계획된 목표를 향해 정진한 사람들에 대한 호칭일 뿐이다. 물론 거기에는 결과물이란 성과가 중요하겠지만, 성과 못지않게 과정이 중요한 측면도 있을 것이다. 왜냐하면 성공의 결과물이 한결같이 자로 잴 수 없는 영역도 많이 존재하기 때문이다.
  너무 성공하려 달려들지 마라.
  너무 돈 벌려고 대들지 마라.
  결과를 조급하게 들춰보려 한다면 들춰본 만큼 결과물은 달아나버린다.
  성공 못지않게 성공을 위해 애쓴 흔적, 돈 벌려고 노력했던 땀은 헛

되지 않을 것이다.

　비저블(Visible)한 것보다 인비저블(Invisible)한 것을 볼 줄 아는 사람이 지혜로운 사람이려니….

　혹독한 자기 경영을 위해 애쓴 사람은 보이는 성과보다 보이지 않는 긍정적인 에너지(힘)가 자신의 등 뒤 창고에 가득 쌓일 거니까 말이다.

　인생의 성패는 결국 보이지 않는 힘(Power), 즉 인비저블한 파워의 게임이란 사실이다.

　Invisible Power란 얼굴이 보이지 않는 힘, 모습을 나타내지 않는 힘이기에 빅뱅(Big Bang)처럼 강력한 힘을 발휘하게 되는 것이다.

　성공을 하려거든 Invisible Power를 키우는 게 우선일 듯싶다.

기본으로 돌아가라

"산에서 길을 잃으면 골짜기를 헤매지 말고 높은 곳으로 올라가라"는 말이 있다.

세계 금융시장의 붕괴는 날로 그 파고가 거칠다.

'나에게는 불똥이 튀지 않겠지' 하는 바람이 있지만 그것은 나의 희망사항일 뿐이다.

어김없이 찾아오는 불황의 그림자. 마치 산에서 길을 잃은 듯 세계 경제가 허우적거린다.

주저앉아서는 아니 될 일이다. 산에서 길을 잃었을 땐 길을 잃었다고 좌절하지 말고 묵묵히 정상을 향해 올라가야 한다. 정상이 보이지 않더라도 더 고생스럽게 길을 찾아 묵묵히 오르는 사람만이 길을 찾을 수 있다는 시사점을 우리에게 주고 있는 듯하다.

지금은 상생과 화합, 경쟁과 협력으로 모두가 한마음이 되어 더 열심히 일할 때이다.

위정자의 탓을 할 때도, 환경을 탓할 때도 아니다.

어차피 피하지 못할 바에야 즐겨야 한다. 즐긴다는 것은 바로 일에 푹 빠진다는 뜻이다.

산에서 길을 잃었을 때 믿는 건 두 다리밖에 없듯이, 지금은 누가 무어라 해도 믿는 건 일밖에 없다.

열심히 하다 보면 길이 보인다. 그 길을 찾기 위해 오늘도 기본으로 돌아가려는 마음이, 기본으로 돌아가는 연습이 절실히 필요한 때인 듯싶다.

애써 땀 흘려 노력하는 모습이 바로 나의 모습이려니….

Success Story

제5장 인연의 끈

미안, 미안… 환(丸)약 줍기

- 실수의 교훈

퇴근 후 샤워하고 안방에 들어섰다.

요즘 들어 부쩍 늘어난 약(?)의 숫자, 아파서가 아니다. 그저 나이 탓에 늙어 고생시키지 않으려고 이것저것 먹이려는 모양이다. 비타민, 흑삼에 배즙. 그것도 모자라 요즘엔 요상한 환(丸)으로 생긴 한약이 추가되었다. 약만 먹어도 배부르다. 즙도 즙이지만 약도 한주먹이다.

무엇인가 또 사온 모양이다. 돈 잘 벌어오라고 하는지? 다른 이유(?)인지 몰라도 하여간 약 먹는 시간은 곤혹이다.

새 통에 담겨진 한약 지름 3mm 정도. 무지 양이 많다. 한 번에 20알 정도 먹으란다. 아주 명령이다. 먹기 싫어도 먹어야 한다. ㅎㅎ 안 맞으려면….

한주먹 움켜쥐고, 한 손으로 물을 먹고, 한 손으로 약통을 놓는 순간

이~ 그~ 그~ "꽈당!" 하면서 꽤 큰 약통의 환약이 와르르…. 순간 방바닥 이전에 와이프 얼굴로 시선이 갔다.

  아니나 다를까 "또, 또 어린 애도 아니구" 한심하다는 투로 날 쳐다본다.

  방바닥엔 전체가 약으로 뒤덮이고….

  옆에 있던 막내아들 녀석에게,

  "야! 주워. 용돈 줄께…."

  막내 녀석 씩 웃더니 두터운 종이 한 장 들고 쓸어 담기 시작한다.

  아무 말 없는 침묵의 시간, 어떻게 처리할까 걱정되더니만 나와 아들 그리고 와이프 셋이 줍다보니 금세 깔끔히 치워졌다.

  "휴~!"

  아~, 작은 것이라도 힘을 합하여 일하다보니 쉽구나! 이것이 협동의 힘이구나.

갑자기 어릴 때 팔각 성냥갑 생각이 났다. 성냥 하나하나는 힘이 없지만 힘을 한곳에 집중하면 큰 힘을 발휘할 수 있다는 사실을….

갑자기 메모지와 볼펜을 주어 들으니 와이프는 의아한 눈빛으로 쳐다본다.

나는 흘려버릴 수 없어 메모지에 써 내려갔다.

'셋이 같이 주우니 수월하구나. 아, 편하구나. 쉽구나' 하는 생각.

'맞아, 맞아. 이게 세상살이야…' 하며 실수로 하나 배웠다.

사랑이란?

 사랑은 각자 빛나는 두 개의 별이 모여 더욱 빛나는 것. 사랑하는 두 사람은 밤하늘에서 자기 존재를 알리며 빛나는 별들과 같다.
 저 밤하늘에 빛나는 북두칠성을 보라. 일곱 개의 별이 각기 다르게 빛나면서 함께 모여 멋진 모습을 만들어내지 않는가.
 그 여자를 정말 사랑한다면 각각이 스스로의 개성과 매력으로 둘이 함께 조화를 이룰 때 아름다운 사랑이 밤하늘의 별처럼 빛나는 법이다. 연인을 만나면 연인을 내 스타일로 만들려 하지 말고 연인의 스타일을 존중해 주고, 사랑해 주는 것이 진정한 사랑이다. 사랑이 곧 배려이듯 연인의 개성과 매력을 서로 보듬어주는 게 사랑이다.
 사랑한다면 다 주어라. 이기적인 사랑은 길게 가지 못한다. 그런 사랑은 시간만 소비할 뿐이다. 받기보다는 줄 수 있는 연인을 만나고 그 사람을 위해서 아낌없이 주는 마음을 가져라.

사랑은 계산적이어서는 아니 된다. 적어도 내가 사랑하는 사람에게는 손해를 보려고 노력하는 사랑이 아름다운 것이다.

사랑은 이기적이어서는 아니 된다. 내가 선택한 사람을 편하게 하는 마음 없이는 그 사람의 따뜻한 마음을 받을 수 없다.

사랑은 용서할 줄 알아야 한다. 흔히들 상대방이 잘못했을 때 '너도 그 상황 당해봐라', 도저히 용서할 수 없다는 이야기를 한다. 한심한 일이다. 용서와 화해는 병원과 같은 것이다. 용서와 화해 없이는 사랑의 상처를 치유할 수 없게 된다.

무수히 많은 밤하늘의 별 중에 내가 선택하여 바라보던 별이 영롱하면 기분이 좋듯, 내가 만난 연인이 행복한 웃음을 지을 수 있도록 내가 먼저 배려해 주는 따뜻한 마음이 우리 가슴에 피어나길 기원해 본다.

병원 그리고 아들 녀석

철든 놈, 잘난 놈. 자칭 나를 부르는 이름이다.

오늘은 난생 처음으로 병원에 가봤다. 목 부위에 혹이 하나 생겼는데, 혹 모르니까 검사 한 번 해보잔다.

피검사, 초음파검사 그리고 조직검사를 받았고, 목 부위에 두툼한 붕대를 감고 집에 갔다.

무뚝뚝한 막내 녀석 표정을 보고 싶었다.

"야! 지광아, 아빠 봐라."

붕대붙인 목을 보여줬다.

그 무뚝뚝한 녀석이 나를 보더니,

"아빠, 왜 그래…. 아빠, 왜 그래?"

내가 답변이 없자 자기 엄마한테 왜 그러냐며 채근한다.

"나도 몰라" 하면서 머리를 만졌다. 기특해서 말이다.

나중에 잠자리에서 들은 이야기지만, 막내 그 녀석이 한마디 했다.
"아빠 아프면 학교 안가고, 아빠 병간호하겠다"고….
흘려들었지만 '아들이 있어 행복하구나' 하고 느꼈다.
아무튼 결과는 일주일 후에 나온다고 한다.
조용히 좋은 결과를 기대하며 기다려봐야 할 듯싶다.

성장이 멈춘다는 것…

"육신의 성장은 멈춰도 용납할 수 있다. 하지만 꿈(Vision)의 성장이 멈추는 것은 용납할 수 없다."
― 고환택 ―

인간은 나이를 먹으면 성장이 멈추게 된다.

일정 시간이 흐르면 오히려 키가 줄어든다는 걸 느끼게 된 것이다. 성장판이 멈추고 오히려 관절이 달라붙어 키가 1~2cm 작아진다고 한다.

누구나 40대 중반이면 무언가 터 좀 닦아놓고 중후한 모습으로 숨 좀 쉬려할 나이다. 그때쯤이면 아이들의 키는 훌쩍훌쩍 커버리고 부모의 모습은 점점 작아질 나이다.

아이들이 크는 만큼 부모는 작아지는 현실, 40대 중년의 현실이다. 이제 더 나이 들면 키는 더 줄어질 테고…. 아이들이 커서 대학 보내고 시집, 장가보내려면 허리가 더 휘게 될 터인데 말이다.

허허허 웃음만 나온다. 이 키에 줄어들게 뭐 있다고…. ㅎㅎㅎ

총각 행세하며 속아주던 사람들 보면서 즐거워했던 지난날이 그립다.

창밖엔 가을을 재촉하는 비가 부슬부슬 내린다. 예전 같으면 기쁨으로 맞이할 9월이건만 달력의 빨간색 숫자에 벌써부터 기가 죽는다.

오곡백과가 무르익는 추석 연휴 기쁨보다는 무거운 느낌으로 내게 다가온다. 매년 돌아오는 추석이건만 올해는 비 맞은 옷을 입은 것처럼 마음이 무겁다. 현실이 어려워서 하는 얘기가 아니고 마음으로 느끼는 세월의 무게감이랄까?

한 번 쉼 호흡을 해본다.

문득 집에 있는 와이프가 생각난다. 예전에 없던 일이다. 이제 나이 먹은 티를 하나씩 내보이는 모양이다. 나도 모르게 아직도 끊지 못한 담배로 손이 간다. 이럴 땐 그저 창밖을 보며 빨아대는 담배 맛도 그리 나쁘지만은 않은 듯싶다.

그러고 보면 나는 늘 부자였던 것 같다. 돈이 많아서도 아니고 장차 돌아올 부(富)가 있어서도 아니다. 내 가슴엔 언제나 꿈과 소망이 가득했기 때문이다.

젊을 때 없어도 당당했던 나의 모습이 늘 자신감으로 이어져 후회하지 않은 내 인생을 걸어온 듯싶다. 그러나 작금(昨今)의 현실은 내 마음에 비를 내리게 한다.

이게 또 중년의 시련인가? 움직임이 둔해지고, 즐거움이 줄어든다. 그 무엇 때문도 아닌데 이유 없이 그렇다. 그것 또한 받아들일 수가 없기에 요즘 부쩍 비아(非我)와의 싸움이 치열한 듯싶다.

그렇듯 며칠이 흘렀다. 이건 아니다 싶어 예전에 부자였던 내 마음으로 유턴(U-Turn)을 하기로 했다. 다시 도전의 목표를 설정하고 나니 마음이 즐겁다. 생각 한 번 바꾼 것뿐인데 이렇게 행복한 걸 보니 일체유심조(一切惟心造)란 단어가 새롭게 느껴진다. 마치 반환점을 돌아서 처음 스타팅 라인으로 승리를 향해 달리는 마라토너처럼 모든 게 새로워진 느낌이다. 비온 뒤 청명한 날씨처럼 콧노래가 나오기까지 한다.

요즘 내가 즐겨 부르는 윤태규의 '마이 웨이(MY WAY)'란 노래가 사가 떠오른다.

문득 출근하면서 생각했던 "육신의 성장이 멈추는 건 용납할 수 있다. 하지만 꿈(Vision)이 멈추는 건 용납할 수 없다"는 의지가 잃었던 미소를 다시 찾게 해준 것 같다.

나이는 숫자에 불과한 것, 지금 시작하더라도 몇 십 년 꿈을 찾아가는 리더의 모습이 곧 나의 모습이요, 세상을 살아가는 한 한시도 잊어서는 안 될 중요한 인생의 숙제라는 사실을….

그 숙제 하나를 마친 것 같아 오늘 기분이 너무나 좋다. 빨리 업무 끝내고 와이프 불러 소주에 삼겹살이나 먹어야겠다. 사랑스런 중년의 꿈, 소망, 사랑을 이야기하면서 말이다.

아내 생각

잠시 아내 생각이 떠올라 창밖을 보니 가을비가 추적추적 내린다. 가끔씩 들려오는 번개소리가 너무 크게 들린다.

을씨년스러운 계절, 가을은 이래서 외로움이 더하는 모양이다.

오늘은 첫눈이 내린단다. 엊그제처럼 오자마자 녹아버리는 첫눈이 아닌 펑펑 내리는 첫눈이 왔으면 싶다. 오늘은 약간의 여유 속에 하루를 보내고 싶다.

계절 탓인가? 요즘엔 하는 것 없이 피곤하다. 가급적 신경 쓰이는 일을 피하고 싶어진다. 그러면서도 혹시나 삶에 대한 나의 열정이 식지나 않았는지 되묻곤 한다.

아무튼 가을은 외로움과 함께 많은 생각을 던져주는 듯하다.

아침에 무슨 일인지 밖이 소란스럽다.

달려온 아내는,

"자기, 나 어떻게 해…. 나 꼬리뼈 다쳤나봐."

우리 집 제일 '늦잠쟁이'인 나는 그 소리에 깰 수밖에 없었다.

화들짝 놀라 무슨 일이냐고 물었다.

아내 왈,

"세면장에서 뒤로 넘어져 엉덩방아 찌면서 다쳤다"고 힘겨운 듯 말했다.

"아니 좀 조심하지" 하면서 아내의 표정을 살폈다.

아프긴 심하게 아픈 모양이다. 요즘 들어 하나둘 아내가 아프다는 이야기를 들었던 터라 내심 걱정되었지만, 회사 출근을 늦출 수 없어 누워있는 아내 눈치 살피며 집을 빠져나왔다.

아침부터 소란을 피웠던 터라 일손이 잘 잡히지 않았다. 갑자기 직장생활 10년, 사업 10년 이십여 년 넘게 생활하면서 '아이들 일로, 와이프 일로 회사 일 지장을 받지 않은 내가 얼마나 행복한 사람이었나' 하는 생각이 들었다. 너무도 고마웠던 아내의 내조가 오늘따라 너무 고맙게 느껴진다.

쉽지 않은 세월동안 나를 위해 투정 한 번 부리지 않고 내조한 아내 생각이 내리는 비처럼 내 마음을 타고 흘러내렸다. 가까이라도 있으면 살며시 껴안아 주련만 그도 어렵다.

업무 중에도 머릿속의 생각은 줄곧 집으로만 향했다. 전화기를 들었다.

"병원에 빨리 가보지 그래?"

"알았어. 조금 있어보고…. 내가 알아서 할게. 신경쓰지 마."

흐릿하게 들려오는 아내의 음성….

잠시 침묵은 흐르고 점심시간인데도 밥이 먹기 싫어진다. '그동안 내가 행복하고 가정이 행복했던 것은 다 당신 때문이구나' 하는 생각이 든다. 나이 들면서 더욱 아내에 대한 고마움과 늘 잘 못해줘 미안한 마음 오늘따라 더욱더 나를 힘들게 하는 것 같았다.

오늘 하루도 좋지 않은 일진(日辰) 속에서 인생을 배운 하루, 아내의 고마움을 다시 한번 느끼고 사랑하게 해준 하루가 된 것 같다.

'아프지 마. 다치지 말구…. 그동안 고생 많았잖아….'

'살만하면 아프다'는 옛말처럼 아내에게 그런 아픔은 평생 없었으면 하고 하늘을 본다. 내리던 빗줄기도 멎었다.

나의 사랑하는 아내에게 늘 좋은 일만 있었으면 좋겠다. 아니 이제부터 내가 좋은 일을 꼭 만들어 주어야겠다. 그것만이 지금까지 묵묵히 내조해온 아내에 대한 보답일 테니까. 그것을 받을 충분한 자격이 있는 아내에게 '사랑한다'는 말을 전하고 싶다.

여보, 사랑해!

아내의 사랑이야기

'사랑은 마음속에서 자란다.'
'사랑은 배려를 먹고 자란다.'
'사랑은 소중한 가치를 선호하는 경향이 있다.'

내가 끝없이 좋아하는 사람이 있습니다.
내 가진 것 다 주고 싶은 사람이 있습니다.
그 사람만 보면 그저 사랑스럽고 포근하기만 합니다.
순수하고 때가 묻지 않은 사람, 영혼이 맑은 사람이 있습니다.
나를 가장 귀하고 훌륭한 사람으로 여기는 사람이 있습니다.
자신보다 나를 위해 사는 멍청한 사람이 있습니다.
때로는 힘들 때도 있으련만 전혀 내색하지 않고 나를 편하게 해주는 사람이 있습니다.

저녁상 대충 차려줘도 맛있게 먹을 텐데, 미리 전화 안했다고 화를 내는 사람이 있습니다.

비타민 하나 더 먹이려고 끝까지 따라와 억지로 먹여야 직성이 풀리는 사람이 있습니다.

세련되지도, 화려하지도 않지만, 국화처럼 은은한 향기를 풍기는 사람이 있습니다.

작고 여리지만 나를 생각하는 마음은 큰 산처럼 느껴지는 사람이 있습니다.

어데서 나오는지 포근하게 배려하는 마음이 바다처럼 느껴지는 사람이 있습니다.

그 사람이 바로 '나의 아내'랍니다.

그 사람과 한평생을 같이하는 나는 행운아입니다.

그 사람이 있어 행복합니다.

이젠 그 사람을 위해 살아야겠습니다.

내가 받은 사랑, 남은 평생 다 갚아도 갚을 수 있을는지….

아내의 하모니카 소리 들으며…

　어제는 산업단지에 소속된 경영자를 위한 포럼 골프 월례회가 있는 날이다.
　사업상 다들 바쁜 관계로 새벽부터 골프를 시작한다.
　매월 하루 골프 월례회 있는 날이면 으레 새벽잠도 설쳐야 한다.
　그렇게 시작한 어제 하루, 운동 마친 후 회사에 들어왔다. 이것저것 또 정신이 없다. 우연인지 몰라도 회사 비우면 일(Order)이 더 많아지나 보다.
　정신없이 보내다보니 벌써 퇴근시간이 다가온다. 유난히 바빴던 하루였던 것 같다.
　저녁 7시 업무를 끝마칠 시간이 다가오자 소주 한잔 생각이 간절했다. 혹시 모르고 아내가 저녁식사를 준비할까봐 집에 전화를 걸었다.
　잠깐 통화하고 전화를 끊으려하니 난데없이 "잠깐만!" 하고 외친다.

무슨 영문인지 몰라 잠시 기다렸다. 조금 있으니 하모니카 소리가 들린다.

"도, 레, 미, 파, 솔, 라, 도, 시~."
"도, 레, 미, 파, 솔, 라, 도~~."
"아, 아…. 미안. 다시 할께."
"도, 레, 미, 파, 솔, 라, 시, 도~."
"하하하. 이야, 잘하는데…."
그러자 아내는 멋쩍은 듯 "이따 들어오면 다시 불어줄게요. 술 너무 많이 마시지 말고 빨리 들어와요" 하며 전화를 끊는다.

후배들과 한 잔 또 한 잔 먹다보니 세상얘기로 길어진다.
불현듯 하모니카 생각이 났다. 좀처럼 술자리에서 먼저 일어나지 않는데….

"나, 오늘은 좀 먼저 갈께….."

피곤하다는 핑계로 먼저 일어났다.

집에 들어가니 현관 탁자위에 하모니카가 놓여있다. 흠칫 바라보다 "웬 하모니카!" 하고 물었다.

수줍어하면서 품에 안겨 "자기야, 나 하모니카 열심히 배워 몽마르트 언덕에 앉아 하모니카 한번 불어볼래!" 하고 아무 표정 없이 예쁘다는 듯 말한다.

"하하하. 그래 열심히 해보셔…. 몽마르트가 아니라 몽마르트 할아버지라도 보내줄게."

"약속했다? 내가 꼭 해야지…."

아내는 이내 몽마르트를 향하는 파리의 소녀처럼 가벼운 흥분을 하는 것 같았다.

나 역시 아내의 즐거워하는 모습에 피곤했던 하루의 일상이 깨끗이 날아가 버리는 듯했다.

씻으면서 거울을 보았다. 슬쩍 아내를 바라봤다.

'이제껏 집안 내조만하던 아내가 이제야 아이들 다 키워놓고 자기 삶을 찾아가는구나!'

'그동안 꿈이 있어도 가족들을 위해 접어야 했던 아내가 이제야 비로소 외도(?)를 하는구나!'

비록 작은 하모니카지만 꿈을 키워가는 아내의 모습을 보는 그 순간, 내 마음에는 바하의 선율처럼 아름다움이 피어났다.

아내가 꿈꾸는 그 꿈이 이루도록 도와주고 싶다. 격려해주고 싶다.

아내가 가정을 위해 희생한 그 시간만큼 되돌려주는 게 사랑이요, 그것을 존중해 주는 게 배려다.

* * *

여러 가지 상념(想念)이 뇌리를 스친다.

아무리 생각해도 아내는 항상 고마운 존재요, 소중한 사람이다. 그 사람 곁에 내가 있음이 행복하다. 내가 세상을 두렵지 않게 그리고 누구보다도 더 당당하게 힘을 불어 넣어준 것도 아내요, 어려움이 있을 때 곁에서 말없이 용기를 불어넣어 준 사람도 바로 나의 아내이기 때문이다.

이제 조용히 그 보답을 위한 행진곡을 아내의 하모니카 소리에 맞춰 노래불러주고 싶다.

그동안 고마웠던 마음의 소리를 담아서 말이다.

그동안 행복했던 세월의 소리를 담아서 말이다.

자식 몰래…

혹시나 자식이 취한 모습 볼까봐 문을 빵긋이 열었다.
아이는 컴퓨터를 하고 있는 듯했다.
"아, 아빠 왔다" 하면서 서둘러 안방에 들어갔다.
술 취한 모습을 보이기 싫었다.
업무로 인해 술을 많이 마셨던 터라 머리가 아프고 도저히 견딜 수 없었다.
안방에 들어가자마자 취기는 더 심했다. 구토를 해야 할 것 같았다.
혹시나 아들 녀석 들을까봐 방문을 닫았다.
안방 화장실에 들어갔다.
문을 꼭 잠그고 오바이트를 하기 시작했다.
순간 많은 생각이 오고 갔다.
'이 녀석이 애비 마음 알까?'

'이 녀석도 나중에 사회생활 하다보면 우울할 때 있을 건데….'

토하니까 좀 살 것 같았다.

업무로 쓸쓸한 마음은 이해가지만, 왜 술을 먹었는지? 무엇 때문에 마셨는지?

사실 오늘 심정은 그 누구라도 붙들고 얘기하고 싶었다. 그러나 아무도 얘기할 수가 없었다. '누가 이 마음 알까?' 넋두리 하는 사이, 어느덧 술 냄새보다 더한 쓸쓸함이 몸에 배는 듯했다.

조용히 그냥 뒤처리한 후 잠이 들었다.

또 하루가 이렇게 갔다.

'체리북' 도전을 시작하면서…

해줘도, 해줘도 늘 부족한 게 부모 마음인 것 같다.

수능을 앞둔 막내아들.

수능 D-100일이 되는 날이다.

큰아들 대학 들어갈 때도 아무것도 해준 게 없다.

막내마저 놓치면 후회할 것 같았다.

문득 어디선가 들은 이야기가 생각났다. 요즘 '도전 100일 책 선물'이 인기라고….

맞다.

바로 그거다.

체리북 홈페이지에 가입하여 100일 도전을 시작하였다.

아들에게 의미 있는 선물이 될 것 같다. 꼭 100일 도전 성공하여 내가 아들에게 쓴 100일 편지를 책으로 예쁘게 만들어 막내 녀석에게 선물하고 싶다.

　떨리는 마음으로 첫날 일기를 썼다.

　아들 편지를 쓰고 보니. ㅎㅎㅎ

　불현듯 두 아들을 키우느라 고생하고 있는 아내 생각이 났다.

　아내에게도 선물을 하고 싶었다.

　매일 2개를 쓴다는 게 쉽지는 않겠지만 기쁜 마음으로 또 하나의 100일 도전을 등록했다.

　약간은 무리일지 몰라도 내가 쓴 100일 동안의 사랑의 편지 책을 받아드는 아내의 모습을 생각하니 기분이 좋았다. 힘들어도 꼭 한번 도전에 성공하고 싶다.

와이프와 함께하는 행복한 산행

10여 년 전부터 산이 좋아, 사람이 좋아 산에 가는 것을 좋아했었다.

파랑새산악회에 가입하여 전국 방방곡곡 유명 산을 등반하던 재미에 쏙 빠졌던 나였다.

그러던 중 월드컵이 있었던 2002년 7월, 골프채를 들고부터 그 좋던 산을 멀리하게 되었다.

하지만 매주 골프를 하면서도 산자락을 볼 때마다 달려가고 싶었던 산(山). 산에 대한 그리움이 있었던지라 올해부터는 등산으로 건강도 지키고, 마음 수련도 하는 게 좋을 것 같아 1월부터 다시 산에 오르기 시작했다.

한 달 동안 매주 1~2회는 인천 근교의 가까운 산을 오른 것 같다. 혼자서는 실행에 옮기기 힘들었을 텐데 마침 인산회(인하대 MBA 산악회)가 발족되는 관계로 수월하게 산과 다시 친해진 것 같아 인산회에 대해서 늘 고마운 마음을 갖는다.

등산이 좋은 이유는 또 있는 듯싶다. 바로 와이프와 친해지기 쉽다는 것이다. 사실 평소에도 금슬이 둘째가라면 서러울 테지만 유독 와이프가 나에 대하여 불만인 것은 오직 하나였다. 부부로서 대화 시간이 너무 짧다는 것이었다. 맞는 이야기다. 허구한 날 비즈니스 때문에 늦고 그렇지 않은 날은 지인들 만나느라 늦고….

사람 만나는 것을 좋아하는 성격인지라 늘 늦게 귀가하는 나쁜 습관이 몸에 배어 있었다. 그러던 나와 와이프를 끈끈하게 맺어준 게 산이었다. 말없는 산이 우리를 화해시켜주었다.

대화를 많이 나눌 수 있는 시간과 공간을 제공해 주었다.

오늘도 일요일인지라 우리 부부는 어김없이 산에 올랐다. 우리 부부가 올 들어 벌써 5번째 산행이다. 처음엔 산에 올라가는 것도 내가 지쳐서 헉헉대느라 같이 걷는 것도 힘들고 어색했지만, 이젠 산에 오르며 슬슬 장난치는 여유도 생겼다.

더욱이 2주일에 한 번(인산회 – 매월 첫째, 셋째 주에 등반)은 기쁨 두 배다.

토요일은 인산회와 산행하고, 다음날 일요일은 와이프와 산행을 하기 때문이다. 올 들어 새로운 행복을 얻은 것 같다.

어제는 인산회의 3회 등반이라서 문학산을 다녀왔다.

인하 MBA 선후배들이 함께 모여 산에 오르고, 내려오는 길엔 맛있는 백숙과 함께 곁들여지는 낮술 한잔. 오가는 웃음소리에 한 주의 스트레스가 말끔히 날아가 버린다.

오늘은 어제의 청량산 체력단련 덕분에 우리 부부는 더 많은 대화를 할 수 있었다.

아직 잔설은 남아있어도 산에 오르는 재미는 우리 부부처럼 언제나 새롭고 정겹다. 특히나 팔각정에서 무언가 만지작거리더니 불쑥 꺼내어주는 즙 한 봉지, 두리번거리며 즙 한 봉지를 건네주는 성의에 못 이겨 받아먹는다.

빨아들이다 즙 봉지에 써진 글씨를 보고 화들짝 놀랐다. 놀래서 웃다가 쏟을 뻔했다. 와이프가 전해준 즙 봉지는 다름 아닌 '복분자 즙'이 아닌가! 나는 순간적으로 옆에 앉아있는 아줌마들을 힐끗 쳐다보다가 와이프에게 한마디 쏘아붙였다.

"아니, 꼭 내가 힘 못써서 등산시키고 복분자 즙 먹이나 하고 아줌마들 쳐다보겠다. 아, 쪽팔려…." ㅋㅋㅋ

그 말 한마디에 와이프는 배꼽을 잡는다. 웃음소리가 끊이질 않는다.

산을 내려오면서도, 내려와 비빔밥을 먹을 때도, 붕어빵 사들고 와 소파에 앉아 있을 때도 내가 뱉은 '아, 쪽팔려~' 그 한마디를 생각하며 저녁 내내 웃고 또 웃었다. ㅎㅎㅎ

이 행복한 웃음. ^^이 건강한 웃음. ^^

내가 산에 오르고 또한 우리 부부가 살아가는 동안 끊이지 않았으면 하는 소박한 바람을 가져본다. 아직도 와이프 웃음소리가 들리는 듯하다. 그 소리에 내 마음도 웃는다.

후니 졸업식 날

빛나는 졸업장을 타신 ○○께….

어제는 아들 녀석 고등학교 졸업식에 다녀왔다.
 우리 때만 해도 헤진 교복 다려 입고 학생 티가 역력한 졸업식을 했던 것 같은데….
 요즘엔 정장 양복, 색깔 있는 사복, 일부 '범생'은 교복 착용은 했지만 머리스타일 하며, 신발 하며, 모든 것이 예전 졸업식과는 사뭇 다른 많은 차이를 느꼈다. 복장부터가 예전과 판이하게 다른 모습들….
 그저 '요즘은 이런 모양이구나' 하며 혼자 중얼거렸다.
 주위에 졸업 축하 참석차 헐레벌떡(나 또한 점심도 못 먹고 갔으니까) 달려온 부모들 3년 내내 아들 뒷바라지한 공로는 공로상 대신 '세월의 훈장(주름살, 흰머리)'은 점점 늘어만 가고….

- 중략 -

　주위의 부모들을 둘러보며 '하하. 그래도 난 젊구나! 아니, 다른 사람이 내 모습 보면 나 역시 장난이 아닐 건데….'
　짧은 시간의 많은 생각들….
　맞는 거 같다
　커가는 아이들 앞에 왠지 작아 보이는 부모들.
　'아이들 커가는 만큼, 부모는 작아지는 모양이구나.'
　'아이들 커가는 만큼, 부모는 더 작아지는 모양이구나!'
　잠시 멍하니 바라보노라니 어라 또 한번 뒤통수를 친다.
　'저 아이들은 더 성장할 텐데….'
　'저 아이들은 더, 더 크게 성장할 텐데….' 이 생각 저 생각.
　순간 스쳐가는 생각들, 내가 작아지는 꼴 보기 싫다고 아이들의 성장을 중단시키는 용감한(?) 부모는 없을 테고 '아! 나이 먹어 더 작아지기 전에 아이들 크듯이 부모의 키도 좀 클 수 있는 노력을 해야겠구나' 하고 느끼는 소중한 하루를 보낸 것 같다.

　40, 60…, 80.
　성장의 한계에서 벗어나 비록 세월의 훈장은 어쩔 수 없지만 40…, 60 아니, 80이 되는 그날까지 비록 육체적인 성장은 멈출지라도 내 인생의 소중한 꿈은 아직도 유효하다고 외쳐본다.
　꿈은 아이들만의 특권이 아닌 우리 모두의 것이라는 걸 잊고 살지

나 않았는지?

아들 졸업식을 통하여 새삼 느끼는 하루, 참 뿌듯하고 행복했던 것 같다.

내 에너지(Energy)가 성장하여 아들 녀석에게 시너지효과(Synergy effect)를 줄 수 있다면 또 한번 행복하겠지? 그 행복을 위하여 오늘도 기쁜 마음으로 열심히 일하고 배우는 것 같다.

먼 훗날 세월이 지나면 '그래도 그때가 가장 좋았는데…' 하며 오늘을 회상하겠지?

오늘도 젊은 날의 패기를 다시 꺼내서 파이팅 하자. 파이팅! ^^

고마움의 창고

아무리 채워도 채워지지 않는 고마움의 창고.

누구나 마음속에는 고마움의 창고가 있을 듯싶다.

내 가슴에 역시 마음 한복판에 고마움의 창고가 자리하고 있다.

오늘따라 직원들에 대한 고마움으로 가슴이 저며 온다.

실로 '가슴이 저며 온다'는 말이 무슨 말인지 몰랐는데 오늘은 그 말뜻을 알 것 같다.

공장장은 발을 다쳐 깁스를 한지 1주일 정도 지났다. 책임의식 때문일까? 다친 날부터 목발 내던지고 하던 일을 계속한다. 좀 쉬라 해도 말을 듣지 않는다. 불편한 몸 붕대를 질질 끌면서 굵은 땀을 닦는다.

오뉴월 땡볕도 짜증스러운데 철(鐵)을 절단하는 작업을 하다 보니 공장에는 가스 불의 열기가 대단하다. 말 그대로 3D 업종의 전형이다. 그래서 더욱 마음이 아프다.

다행인 것은 그런 환경 속에서도 직원의 표정이 밝다는 이야기다. 얼마나 다행스럽고 고마운 일인가!

공장 한 켠에서 아르바이트 대학생 2명이 땀을 뻘뻘 흘리며 일하고 있다.

또 한 켠에서는 용접 일을 하는 일용 아저씨들의 모습이 보인다.

모두에게 너무 고맙다는 이야기를 해주고 싶지만 그마저 해줄 시간이 허락하질 않는다.

수박 2통을 들고 와 먹기 좋게 잘라 주었다. 맛있게 먹고 있는 직원들을 바라본다. 그들이 먹는 수박의 시원함과 같은 희망을 주고 싶다. 아삭아삭 씹는 수박의 단맛처럼 나의 고마움도 느꼈으면 하고 기도해 본다.

갑자기 고마움에 대한 마음의 창고가 생각이 났다.

'고마움의 창고'는 사용하지 않으면 않을수록 용량이 급격히 줄어들지만, 계속 사용하고 또 사용하다 보면 더욱 커져만 가는 게 고마움의 창고라고….

수박 한 통으로 하여금 직원들에 대한 고마움을 느끼는 하루였다.

어느 식당의 컵 이야기

선행을 한 사람에게 묻는다. '어떻게 해서 이렇게 좋은 일을 하게 되었느냐'고.

돌아오는 답은 뻔하다. '당연히 할 일을 한 것뿐이라고….'

맞는 말이다.

사람들은 대단한 일이라고 아우성치지만 정작 당사자로서는 의아할 때가 더러 있는 듯싶다.

오늘 그러한 일을 겪었다. 아주 사소한 일이요, 당연한 일이다.

점심을 먹기 위해 회사를 방문한 손님과 식사를 하기 위해 식당에 갔다가 사건(?)이 벌어졌다. 늘 그렇지만 막상 점심을 먹으려면 딱히 뭘 먹어야 될지 고민이 된다.

어제 먹은 술 때문에 약간의 취기도 있던 터라 황태국을 먹기 위해 황태 집을 찾았다.

몇 년을 한결같이 늘 반갑게 맞아주는 식당 아주머니. 속 시원한 황태국과 맛깔스러운 반찬들이 입에 들어갈 때마다 정이 깊어지는 듯하다.

예정에 없던 손님인지라 부랴부랴 나오는 바람에 손을 씻기 위해 싱크대에 다가 섰다. 싱크대 안에는 물잔 대여섯 개, 소주잔 세 개가 세척되지 않은 상태로 놓여 있다. 하나하나 꺼내어 옆에다 놓고 아쉬운 대로 퐁퐁(세제)으로 손을 닦았다. 손을 닦자마자 주인아주머니가 타월을 건넨다. 위아래 흠칫 쳐다본다. 그러면서 한마디 한다.

"식당 오래하지만 싱크대 안에 있는 컵 올려놓고 손 닦는 사람 처음 본다"고 했다.

"남자고, 여자고 손을 닦으면 컵이 있건, 수저 젓가락이 있건 그 위에 그냥 닦는다"며 혀를 찼다.

아무리 손을 씻는다지만 입에 들어갈 건데, 아마 집에서는 그렇게 하지 않을 거란다. 순간적으로 당황스러웠다. 자칫하면 나도 똑같은 사람 될 뻔했으니까….

이건 칭찬이 아니라 '작은 것 하나도 지켜보는 사람이 있구나' 하고 느끼는 순간이었다.

누구나 작은 습관 하나가 중요하다. '작은 습관 하나가 남을 즐겁게 만드는구나', '잘 길들여진 습관 하나 백만장자 몇 명보다 부럽지 않겠구나' 하고느끼는 하루였다.

점심 맛있게 먹고 보너스로 또 한 가지 배운 하루가 사랑스러웠다.

여기가 '세계 제일'이다

8월의 어느날 지인들과 골프를 한 뒤 식사를 하기 위해 식당을 찾았다.

일행의 추천으로 양평동에 있는 보양탕 원조식당을 찾아 고기를 주문하였다. 정갈한 묵은 김치 3종에 썰지도 않은 대파, 마늘종 그리고 양파, 깔아놓은 밑반찬만 보아도 허기진 배가 좋아서 춤을 춘다.

잠시 후 통째로 들어오는 수육, 아주머니는 능숙한 솜씨로 손으로 먹기 좋게 찢어준다. 한 명, 한 명에게 묵은 김치쌈을 손으로 돌돌 말아 입에 넣어 준다. 부들부들한 육질에 3년 묵은 김치쌈이 입으로 들어오는 순간, 먼 길을 달려온 피곤함은 온데간데없고 잊을 수 없는 맛의 감동이다.

서로 누가 먼저라 할 것 없이 "정말 최고다!" 감탄사 연발이다.

정성스럽게 그리고 다정다감하게 맛있게 먹는 방법까지 알려주시는 아주머니. 주인인지 종업원인지 모르겠다. 잠시 후 아주머니 왈 "여기가 아마 우리나라에서 제일 맛있는 집, 아니 세계에서 제일 맛있는 집이다"라고 자신 있게 말한다. 순간 나는 멍하니 들고 있던 소주잔을 가만히 내려놓았다.

맛도 맛이지만 식당에서 바쁜 손놀림을 하는 사람 모두가 생기 있게 웃는 얼굴에 자신감이 있는 모습이다. 그만큼 '최고'라는 자부심이 배어있는 듯했다. 그런 모습 오랜만에 본 것 같아 너무 기분이 좋았다.

최고를 위해 자신감 있게 식단을 준비하고, 자신 있게 최고라고 말할 수 있는 당당함. '사업을 하는 나도 저런 말을 할 수 있을까?' 부끄러운 생각이 들었다.

좀 더 노력하자. 저분처럼 당당하게 말할 수 있는 아이템을 가져보자. 맛있게 먹고 집으로 향하는 내 머릿속에는 오늘 아주머니의 말대로 '내가 진정한 사업가라면 세계 제일이라 말할 수 있는 그 무엇을 하나는 만들어야 하지 않은가!' 하는 생각으로 가득 찼다.

오늘은 지인들과 행복한 라운딩 그리고 정겨운 뒤풀이가 너무 좋았다. 그 행복감도 과분한데 거기에 새로운 숙제(세계 제일)까지 보너스 선물로 받았으니 얼마나 행복하고 기쁜 날인가!

날마다 하루 일과가 오늘만 같았으면 싶다.

구두 수선점 아저씨

　내가 사는 아파트를 나오다보면 도로가에 구두 수선점이 있다.
　몸이 약간 불편한 50대 중반으로 보이는 국가유공자 한 분이 점포를 운영하신다.
　아마 UDO 출신으로 해외에 파병 나갔다가 몸을 다친 듯싶다.
　나는 그곳에 가면 늘 대우(?)를 받는다. 따뜻한 커피를 타주고, 사탕을 주고. 그것도 부족한 듯 아저씨는 자기만의 세상얘기 한 보따리를 나에게 들려주곤 한다.
　약간의 부정적이면서도 세상사 간결한 논평은 어느 신문 사설 못지않다. 사안마다 날카로운 비판. 왜? 그런 생각을 하시는지 이것저것 물어보기도 한다. 그럴 때마다 돌아오는 답 역시 직설적이며 간단하기 이를 데 없다.
　구두 닦는 짧은 시간, 둘이서 세상 돌아가는 이야기를 하다보면 어느새 구두는 반질반질 광이 나 있다. 반짝이는 광택처럼 마음도 밝았다. 둘은 이야기 코드가 맞나 보다.

하지만 요즘 들어서는 집안에 근심이 생겼는지 표정이 많이 굳어 있다.

언젠가 국가유공자 동료 한 분이 작고 하셨다는 이야기를 들은 직후였던 것 같다. 나 역시 모든 게 조심스러워 편하면서도 조심스럽게 말을 꺼내곤 한다. 표정이 굳은 이유 또한 궁금했지만 선뜻 물을 수 없다. 아저씨가 얘기 안하는 이상 궁금해도 참을 수밖에….

한 달, 두 달 만남의 세월이 길어지면서 정도 들어갔다. 가끔 한 번씩 느끼는 거지만 아저씨는 간혹 비관적인 이야기를 내뱉을 때가 있었다. 그럴 때마다 웃음으로 받아넘기곤 했지만, 요즘 들어 더욱 빈도가 잦은 듯싶다.

'아저씨에게 무슨 근심거리라도 생긴 걸까?'

수선점을 나올 때마다 고개가 갸우뚱거려진다.

'혹 아저씨에게 희망이 사라진 걸까? 아니면 몸이 더 안 좋아지는 걸까?'

어떤 얘기로 위로를 드려야 될 듯싶은데 이유를 알 수 없어 그저 답답하기만 하다. 속 터놓고 얘기하고 싶어도 간혹 기분 나쁘면 말문을 닫아버리는 모습을 보았던지라 더더욱 조심스러움이 앞선다.

요즘에는 구두굽이 많이 닳아진 듯싶어도, 구두가 지저분해 닦을 때가 되어도 선뜻 발걸음이 옮겨지지 않는다. 괜한 나의 기우일까? 내 눈에 비친 아저씨 표정을 보고 느낀 생각들이 차라리 기우이기를 바랐다. 일감이 들어오면 불편하신 손으로 열심히 일하시는 아저씨 모습이 누구보다 좋았는데….

오늘도 출근하는데 아저씨 생각이 났다. 국가를 위해 충성을 다하다 결국 남은 것은 다친 몸이 전부겠지만 일할 수 있는 일터에서 수선점을 찾는 동네 사람들과 웃으며 일하시는 모습을 빨리 보고 싶다.

아저씨를 뵐 때마다 '주변의 작은 것에 감사하고, 사랑하는 마음'을 배웠듯이, 앞으로도 아저씨와 이야기하며 많은 걸 배우고 주고받는 이야기 속에서 웃음과 작은 희망을 서로 나누었으면 하는 바람을 가져본다. 그런 지난 시간들이 좋았는데….

빨리 기력 회복하시고 예전의 건강한 웃음 되찾기를 마음으로 빌어본다. 힘내세요. 아저씨! 건강하세요. 아저씨! 꼭요. ^^